feel-wood-Training zur Stärkung der morphischen Intuition

Freude und Glück durch Waldbaden, Mentaltraining und neues Bauchgefühl

Johanna Kanzian

Johanna Kanzian

feel-wood-Training zur Stärkung der morphischen Intuition –
Freude und Glück durch Waldbaden, Mentaltraining und neues Bauchgefühl.

Bibliografische Information der Deutschen Nationalbibliothek:
Die Deutsche Nationalbibliothek verzeichnet diese Publikation in der Deutschen Nationalbibliografie; detaillierte bibliografische Daten sind im Internet über www.dnb.de abrufbar.

VERLAG-IDEENMANUFAKTUR

ISBN 9783756819164

Gesamtlayout: Alois Gmeiner
Coverfoto: Johanna Kanzian
Bilder: Johanna Kanzian
Herstellung und Verlag: BoD – Books on Demand, Norderstedt

Inhaltsverzeichnis

Vorwort

Die Themen Mind-Management, Kraft der Gedanken und Mentaltraining faszinieren mich bereits seit der Zeit meines Wirtschaftsstudiums in Graz. Dass wir unser Leben selbst in die Hand nehmen können und nicht von Zufälligkeiten oder Glück oder dem Schicksal abhängig sind, finde ich einen spannenden Ansatz, den viele Vordenker der neuen Zeit vertreten.

Wer hat sich schon einmal die Zeit genommen und über sein eigenes Leben nachgedacht? Welche Ziele habe ich? Wie soll mein Leben ausschauen? Was möchte ich im Leben erreichen?

Diese Fragen stellte ich mir bis zu meinem 25. Lebensjahr nicht. Meine Ziele waren sehr klar vorgegeben: Matura und dann mein Studium abschließen. Danach eine Arbeit finden, die mir gefällt.

Jahre später war es für mich an der Zeit, mir neue Ziele zu suchen. Eine Weltreise brachte mich in andere Länder und vor allem stärker in meine eigene Intuition. Ich beschäftigte mich näher mit der Frage:

Gibt es so etwas wie eine „Gebrauchsanleitung für das Leben“? Sie führte mich zu meiner Mentaltrainer-Ausbildung, die ich 2013 abschloss, und begleitet mich bis heute.

feel-good durch feel-wood: Freude im Leben

Als Mentaltrainerin habe ich mich auf das Waldbaden, Heilsame Singen und MFL® Morphisches Feld Lesen spezialisiert und habe das feel-wood-Training entwickelt. Man erlernt damit das Fühlen der morphischen Intuition und Intelligenz (FMI). Die Bewegung in der Natur und die bewusste Wahrnehmung des Körpers, das Aufladen der „Akkus“ und das Wiederentdecken der eigenen Intuition stehen im Vordergrund.

Meine Vision:
Die Menschen erkennen ihre Stärken und ihre Lebensaufgabe,
vertrauen ihrer Intuition und sind glücklich und gesund.

Das Ziel des feel-wood-Trainings ist, Körper, Geist und Seele wieder in Gleichklang zu bringen. In der Natur ist man in der Lage gute Entscheidungen zu treffen, die morphische Intuition kann gestärkt werden.

Kombinieren Sie Vergnügen mit gesunder Lebensführung und Sie bekommen dadurch mentale Stärke und körperliches Wohlbefinden! Ich unterstütze Sie auf diesem Weg mit Einzelsitzungen, Gruppenveranstaltungen, feel-good-Waldtagen – kurz gesagt mit dem feel-wood-Training.

Dr. Johanna Kanzian

MENTALTRAINERIN und SINGLEITERIN

Greifenburg (Kärnten) und Golling (Salzburg)

feel-wood
Du tankst dein Auto immer mit dem richtigen und besten Treibstoff und dein Auto erhält jedes Jahr ein Service. Wie tankst du deinen Körper auf (Ernährung, Gedanken, Bewegung) und wann hat dein Körper ein Service erhalten, wie z. B. Urlaub, feel-good-Tag, Gesundheits-Check, genügend Schlaf, Zeit für dich, Zeit für Dinge die dir Spaß machen?
Aufs Leben!

feel-good durch feel-wood: Freude im Leben

Verbinde
Vergnügen mit gesunder Lebensführung,
mentale Stärke mit körperlichem Wohlbefinden

Johanna Kanzian

Glück und das Drehbuch des Lebens

Glück ist ein vielschichtiger Begriff. Er reicht von momentanem Glücksgefühl bis zu anhaltender Glückseligkeit.

Ein glücklicher Mensch ist sich seiner Kraft bewusst. Er legt die Opferrolle ab und hat Spaß daran, das Drehbuch seines Lebens selbst zu schreiben. Er übernimmt die Regie. Er umgibt sich mit Menschen, die ihn unterstützen und für ihn da sind.

Ein glücklicher Mensch hat bestimmt auch Misserfolge, aber er ist nicht verbittert und lernt daraus. Er vergeudet keine Zeit mit Jammern und Selbstmitleid. Er liebt die Harmonie, zieht aber bei Bedarf gesunde Grenzen und verteidigt sie auch. Die Geschichten seines Lebens haben ihn nicht verbittert, sondern er hat aus seinen Erlebnissen die richtigen Schlüsse gezogen. Darum ist sein Herz nicht verschlossen, sondern verströmt Lebensfreude. Immer wieder macht er sich bewusst, dass das Leben im Hier und Jetzt stattfindet. So gibt er weder Vergangenheit noch Zukunft große Macht, sondern nutzt den Augenblick. Seine Haltung dem Leben gegenüber ist erfüllt von Vertrauen.

Wir selbst sind unseres Glückes Schmied

Nicht was geschieht in unserem Leben ist wichtig, sondern wie wir es bewerten. Mit der Wahl unserer Sichtweise treffen wir die Wahl über den weiteren Verlauf eines Geschehens. Wir entscheiden, ob uns ein und dasselbe Ereignis als „Opfer" trifft, oder uns „nur" zu bestimmten Entwicklungsschritten auffordert. Diese Entwicklungsschritte erleichtern uns dann möglicherweise das Leben, weil wir uns neue Fähigkeiten angeeignet haben. Die Wahl der Sichtweise ist also vor allem die direkte Wahl der eigenen Lebensqualität. Wir sollten die Dinge nehmen wie sie sind, aber ab jetzt dafür sorgen, dass genau die Dinge kommen, die wir auch gerne nehmen möchten.

Man kann Glück mit allem Geld der Welt nicht erkaufen. Manche Millionäre sind sehr glücklich, andere sehr unglücklich. Viele Menschen mit geringen Besitztümern sind sehr glücklich, andere sehr unglücklich. Manche Verheiratete sind glücklich, andere sehr unglücklich.

Der Dalai Lama ist als Ratgeber auf dem Weg zu einem glücklichen Dasein gefragt. Als ersten Schritt im Streben nach Glück betrachtet er das Lernen. Dabei bedürfe es einer Vielfalt an Vorgehensweisen und Methoden, um negative Geisteszustände wie Hass, Eifersucht und Zorn durch geeignete meditative Übungen mit der Zeit zu überwinden.

Meiner Ansicht nach kann man sein Leben selbst in die Hand nehmen und somit für sein Glück selbst sorgen. Glück und Erfolg sind abhängig von der Einstellung zu sich selbst und zum eigenen Leben. Niemand Anderer als wir selbst kann unser Leben ändern.

Flow

Leben heißt fließen – das wussten bereits die alten Griechen: Panta rhei (alles fließt). Wenn Leben fließen bedeutet, dann ist klar, dass Stillstand zum Tod führt. Was wir festhalten, kann sich nicht mehr bewegen. Loslassen ist somit der schnellste Weg zur Erreichung aller Ziele.

Es kommen oft Leute zu mir ins Mentaltraining, die sagen: Ich habe eigentlich alles. Ich habe ein schönes Haus, ich habe ein tolles Auto, meine Kinder sind gesund, die Familie funktioniert gut – aber ich bin nicht glücklich, ich bin nicht zufrieden, ich weiß nicht, was los ist. Solche Menschen haben augenscheinlich alles, aber sie können trotzdem nicht in sich ruhen, sie sind nicht zufrieden. Da kann man mit dem feel-wood-Mentaltraining sehr viel bewirken, damit diese Menschen wieder in den Flow kommen.

feel-wood
Wenn du dir und dem Leben Raum gibst,
dann kann es dich führen und überraschen.
Nur so spürst du,
was dir dein Herz und dein Körper
sagen wollen und du wirst beschenkt.
Welches Geschenk hast du heute erhalten?
Aufs Leben!

Glücksindex

Durch Umfragen versucht man, das Glücksempfinden zu erfassen. Schon vor 20 Jahren erschien eine Studie der London School of Economics and Political Science, aus der eine Rangliste über das Glücksempfinden der Menschen in bestimmten Ländern abgeleitet wurde. Demnach lagen mit Bangladesch, Aserbaidschan, Nigeria, Philippinen und Indien solche Staaten auf den ersten fünf Plätzen, die weder eine fortgeschrittene Industrialisierung aufweisen, noch als wohlhabend gelten. Überraschend und erklärungsbedürftig schien, dass die Menschen in den Industrieländern mit hohem Pro-Kopf-Einkommen demgegenüber deutlich abfielen.

Die Berliner Zeitung berichtete beispielhaft über das Ergebnis einer Vor-Ort-Recherche im November 2000: „Europäische Forschungsreisende der jüngeren Zeit sahen, rochen und fühlten das Elend Bangladeschs und kamen zu dem Schluss: ‚Das ist kein Leben.' Aber fragen wir die dürre kleine Frau im zerrissenen Sari, die bei Sonnenuntergang in den Ruinen eines Klosters hockt: ‚Mir geht es gut, ich esse zweimal am Tag.' Weder die Frau noch ihr 23-jähriger Sohn haben je ferngesehen, sie wissen nicht, welches Glück Weichspüler für Frotteetücher verheißen oder welches Gefühl von Freiheit eine bestimmte Automarke vermittelt. Wenn sie Geld hätte, würde die Frau den Sohn verheiraten oder seine Nachtblindheit behandeln lassen. Aber unglücklich? Nein, nein. ‚Very, very happy' sei sie, selbstverständlich, sie lebe ja, und zwar in einer Familie und ‚unter dem großen wunderbaren Himmel'."

Glücksvergleiche dieser Art sind mit dem Problem behaftet, dass unterschiedliche Kulturen das Glücksempfinden erheblich beeinflussen. So heißt es, Japaner seien notorisch unzufrieden, Mittelamerikaner eher fröhlich.

Eine Mitte 2006 erschienene Studie der britischen New Economics Foundation (NEF) setzte die Einwohner des Inselstaates Vanuatu an die Spitze der Glücksrangliste. In die Auswertung dieser ökologisch ausgerichteten Stiftung flossen neben dem Grad der bekundeten Zufriedenheit der Menschen auch die Messwerte Lebenserwartung und Umgang mit der Umwelt („ökologischer Fußabdruck") ein. Gut schnitten außerdem Kolumbien, Costa Rica, Dominica und Panama ab, während unter den europäischen Industriestaaten Österreich (Platz 61), die Schweiz, Island und Italien (Plätze 64 bis 66) relativ am besten platziert waren.

Deutschland erreichte den 81. Platz, die USA landeten auf dem 150. Platz.

In der Summe zeigen auch die vielfältigen internationalen Erhebungen, dass Glück und Glücksempfinden von vielerlei Einflussfaktoren abhängen, insbesondere von individueller Wahrnehmung und soziokulturellem Umfeld. So erklärt sich auch das sogenannte Wohlstandsparadoxon. Damit kommt zum Ausdruck, dass trotz einer durchschnittlichen Einkommensvervielfachung in westlichen Gesellschaften während der vergangenen 50 Jahre die davon begünstigten Menschen kaum glücklicher geworden sind. Dies lässt den Schluss zu, dass Glück nicht ursächlich von materiellen Dingen abhängig ist.

Auf der Suche nach dem Glück

Im Roman „Hectors Reise oder die Suche nach dem Glück" von François Lelord versucht der fiktive Psychiater Hector bei einer Reise durch die Welt, dem Geheimnis des Glücks auf die Spur zu kommen. Er fasst eine Liste an Erkenntnissen zusammen:

- Vergleiche anzustellen ist ein gutes Mittel, sich sein Glück zu vermiesen.
- Glück kommt oft überraschend.
- Viele Leute sehen ihr Glück nur in der Zukunft.
- Viele Leute denken, dass Glück bedeutet, reicher oder mächtiger zu sein.
- Glück, das ist eine gute Wanderung inmitten schöner unbekannter Berge.
- Glück ist, mit den Menschen zusammen zu sein, die man liebt.
- Glück ist, wenn es der Familie an nichts mangelt.
- Glück ist, wenn man eine Beschäftigung hat, die man liebt.
- Glück ist schwieriger in einem Land, das von schlechten Leuten regiert wird.
- Glück ist, wenn man spürt, dass man den anderen nützlich ist.
- Glück ist, wenn man dafür geliebt wird, wie man eben ist.

- Glück ist, wenn man sich rundum lebendig fühlt.
- Glück ist, wenn man richtig feiert.
- Glück ist, wenn man der Meinung anderer Leute nicht zu viel Gewicht beimisst.
- Glück ist eine Sichtweise auf die Dinge.
- Rivalität ist ein schlimmes Gift für das Glück.

PRAXIS: Bestimmen Sie Ihren persönlichen Glücksindex

Frage 1: „Ich bin ein glücklicher Mensch" – Würden Sie das im Moment über sich selbst sagen?

❒ ja ❒ nein ❒ hm, da muss ich nachdenken

Frage 2: Haben Sie in den letzten Wochen besondere Glücksmomente erlebt?

❒ ja ❒ nein ❒ hm, da muss ich nachdenken

Frage 3: „Das Glück kommt auf leisen Sohlen" – Bemerken Sie die kleinen schönen Momente in Ihrem Alltag, die zum Glücklichsein beitragen?

❒ ja ❒ nein ❒ hm, da muss ich nachdenken

Frage 4: Geben Sie sich selbst die Erlaubnis glücklich zu sein?

❒ ja ❒ nein ❒ hm, da muss ich nachdenken

Frage 5: „Jeder ist seines Glückes Schmied" – Glauben Sie, dass jeder selbst für das eigene Glück verantwortlich ist?

❒ ja ❒ nein ❒ hm, da muss ich nachdenken

Frage 6: Haben Sie heute schon etwas für Ihr Glück gemacht?

❒ ja ❒ nein ❒ hm, da muss ich nachdenken

Frage 7: „Wahres Glück besteht darin, glücklich zu machen" – Haben Sie heute schon etwas für das Glück eines anderen Menschen gemacht?

❒ ja ❒ nein ❒ hm, da muss ich nachdenken

Frage 8: Hat Sie heute schon jemand oder etwas in Ihrem Umfeld inspiriert glücklich zu sein?

❒ ja ❒ nein ❒ hm, da muss ich nachdenken

Frage 9: Glauben Sie, dass man das Glücklichsein erlernen kann?

❒ ja ❒ nein ❒ hm, da muss ich nachdenken

Frage 10: „Glück widerfährt dir nicht – Glück findet der, der danach sucht" – Beschäftigen Sie sich bewusst mit dem Thema Glück?

❒ ja ❒ nein ❒ hm, da muss ich nachdenken

Frage 11: Denken Sie, dass materielle Dinge für das Glücklichsein wichtig sind?

❒ ja ❒ nein ❒ hm, da muss ich nachdenken

Frage 12: Denken Sie, dass Familie für das Glücklichsein wichtig ist?

❒ ja ❒ nein ❒ hm, da muss ich nachdenken

Frage 13: Denken Sie, dass Beziehung und Partnerschaft für das Glücklichsein wichtig sind?

❒ ja ❒ nein ❒ hm, da muss ich nachdenken

Frage 14: Denken Sie, dass Freunde für das Glücklichsein wichtig sind?

❒ ja ❒ nein ❒ hm, da muss ich nachdenken

Frage 15: Denken Sie, dass Arbeit und Beruf für das Glücklichsein wichtig sind?

❒ ja ❒ nein ❒ hm, da muss ich nachdenken

Frage 16: Denken Sie, dass Work-Life-Balance für das Glücklichsein wichtig ist?

❒ ja ❒ nein ❒ hm, da muss ich nachdenken

Frage 17: Denken Sie, dass Wohnqualität für das Glücklichsein wichtig ist?

❒ ja ❒ nein ❒ hm, da muss ich nachdenken

Frage 18: Denken Sie, dass Besitz für das Glücklichsein wichtig ist?

❒ ja ❒ nein ❒ hm, da muss ich nachdenken

Frage 19: Denken Sie, dass die Beziehung zur Natur (Wald, Landschaft, Berge, Seen ...) für das Glücklichsein wichtig ist?

❒ ja ❒ nein ❒ hm, da muss ich nachdenken

Frage 20: Denken Sie, dass die Beziehung zu Tieren (Haustier, Wildtiere ...) für das Glücklichsein wichtig ist?

❒ ja ❒ nein ❒ hm, da muss ich nachdenken

Frage 21: Denken Sie, dass der Körper, seine Gesundheit und Wohlbefinden für das Glücklichsein wichtig sind?

❒ ja ❒ nein ❒ hm, da muss ich nachdenken

Frage 22: Denken Sie, dass der Geist und innere Balance für das Glücklichsein wichtig sind?

❒ ja ❒ nein ❒ hm, da muss ich nachdenken

Frage 23: Denken Sie, dass die Balance von Körper-Geist-Seele für das Glücklichsein wichtig ist?

❒ ja ❒ nein ❒ hm, da muss ich nachdenken

Frage 24: Denken Sie, dass es für das Glücklichsein wichtig ist, Zeit zu haben für Dinge, die Ihnen wichtig sind? (z. B. Familie, Freunde, Hobby, Kochen, Reisen, Zeit in der Natur ...)

❒ ja ❒ nein ❒ hm, da muss ich nachdenken

Frage 25: Denken Sie, dass es für das Glücklichsein wichtig ist, die eigenen Stärken und Werte zu leben?

❒ ja ❒ nein ❒ hm, da muss ich nachdenken

Frage 26: „Das Glück kommt zu denen, die lachen" – Denken Sie, dass Humor, Freude und das Lachen für das Glücklichsein wichtig sind?

❒ ja ❒ nein ❒ hm, da muss ich nachdenken

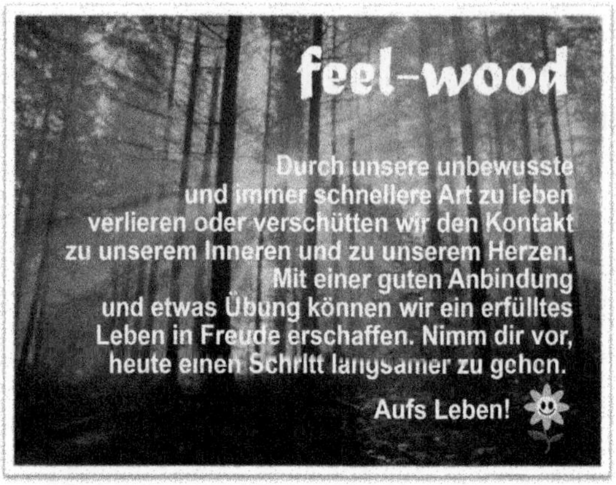
feel-wood
Durch unsere unbewusste
und immer schnellere Art zu leben
verlieren oder verschütten wir den Kontakt
zu unserem Inneren und zu unserem Herzen.
Mit einer guten Anbindung
und etwas Übung können wir ein erfülltes
Leben in Freude erschaffen. Nimm dir vor,
heute einen Schritt langsamer zu gehen.
Aufs Leben!

Auswertung

Fragen 1-9:

Die Fragen 1 bis 9 zeigen Ihnen Ihren persönlichen Glücksindex. Es ist eine Momentaufnahme davon, wie Sie das Glücklichsein aktuell wahrnehmen.

- **Haben Sie überwiegend mit „ja" geantwortet?**
  Glückwunsch, Sie sind ein glücklicher Mensch! Jede Frage, die Sie mit „ja" beantwortet haben, zeigt Ihnen, dass Sie das Glück in Ihrem Leben deutlich wahrnehmen und leben können.
- **Haben Sie überwiegend mit „nein" geantwortet?**
  Sie gehören zu den tendenziell glücklicheren Menschen! Jede Frage, die Sie mit „nein" beantwortet haben, zeigt Ihnen, dass Sie Ihre Aufmerksamkeit auf diese Bereiche lenken können. Je mehr Aufmerksamkeit Sie diesen Bereichen schenken, desto mehr Ideen werden Sie entwickeln, wie Sie diese Bereiche noch mehr mit Glück füllen können.
- **Haben Sie überwiegend mit „hm, da muss ich nachdenken" geantwortet?**
  Auch Sie sind ein tendenziell glücklicher Mensch, Sie können Ihre Wahrnehmung in Richtung Glück noch stärken! Jede Frage, die Sie mit „hm, da muss ich nachdenken" beantwortet haben, zeigt Ihnen, dass Sie die Frage inspiriert hat nachzudenken und dem Thema nachzuspüren. Wenn Sie diesen Bereichen mehr Aufmerksamkeit schenken, werden Sie bei manchen Fragen bereits vorhandenes Glück aufspüren, bei manchen Fragen werden Ideen auftauchen, wie Sie Glück in diese Bereiche bringen können.

Fragen 10-26:

Die Fragen 10 bis 26 zeigen Ihnen, welche Bereiche für Sie persönlich eine Rolle für das Glücklichsein spielen. Glück ist eine subjektive Sache, für jeden Menschen bedeutet Glücklichsein etwas anderes.

- **Haben Sie eine Frage mit „ja" beantwortet?**
  Jede Frage, die Sie mit „ja" beantwortet haben, zeigt Ihnen, dass dieser Bereich für Sie persönlich wichtig ist. Befassen Sie sich mehr mit diesem Thema, konkretisieren Sie es, erkennen Sie Hauptpunkte und Nebenschauplätze. Klären Sie in sich selbst, was es für Sie bedeutet. Finden Sie heraus, welche Wirkungen und Auswirkungen dieses Thema auf das Glücksempfinden in Ihrem Leben hat.
- **Haben Sie eine Frage mit „nein" beantwortet?**
  Jede Frage, die Sie mit „nein" beantwortet haben, zeigt Ihnen, dass dieser Bereich für Sie persönlich unwichtig ist. Das Thema dieser Frage können Sie getrost beiseite legen, es ist nicht notwendig, sich weiter damit zu befassen, wenn es um Ihr eigenes Glück geht.
- **Haben Sie eine Frage mit „hm, da muss ich nachdenken" beantwortet?**
  Jede Frage, die Sie mit „hm, da muss ich nachdenken" beantwortet haben, zeigt Ihnen, dass Sie dieses Thema genauer erforschen sollten. Schließlich möchten Sie Klarheit darüber finden, welche Rolle dieses Thema tatsächlich für Ihr Glücksempfinden spielt.

Glück ist subjektiv. Das Glücksempfinden ist eine persönliche Angelegenheit, die nur wir selbst steuern können. Wir denken zwar, dass äußere Umstände über unser Glück bestimmen, das ist jedoch eine Illusion. Äußere Umstände können unser Glück bestenfalls beeinflussen, aber sie können unsere innere Einstellung nicht ändern.

feel-wood
Wenn dich gerade etwas bedrückt, oder aus der Bahn wirft, nutze diese Chance.
Wir sind hier, um uns zu erinnern, wer wir wirklich sind.
Wie kannst du heute deine Situation verändern und deine energetische Signatur optimieren?
Aufs Leben!

Mind-Management und energetische Signatur

Die energetische Signatur ist die Ausstrahlung, die Frequenz, die von der Welt aufgenommen wird. Man kann eine natürliche, sympathische, gewinnende Persönlichkeit, oder eine eher negative Ausstrahlung besitzen.

Wir gestalten unser Leben und unsere Leistungsfähigkeit durch die Art, wie wir denken. Unter Mind-Management versteht man die Fähigkeit, persönliche und mentale Ressourcen zu erkennen oder wiederzuerkennen, sowie diese Ressourcen zu stärken. Man optimiert somit auch die energetische Signatur.

Die energetische Signatur ist in jedem Augenblick veränderbar. Mind-Management verhilft zu einer optimierten energetischen Signatur und ermöglicht ein bewusstes Wahrnehmen der eigenen Prozesse und eine aktive Lebensgestaltung hin zu mehr Freude im Leben.

Mind-Management hilft, Verantwortung für die eigene Entwicklung und für die eigenen Lebensumstände zu übernehmen.

Die Macht der Gedanken

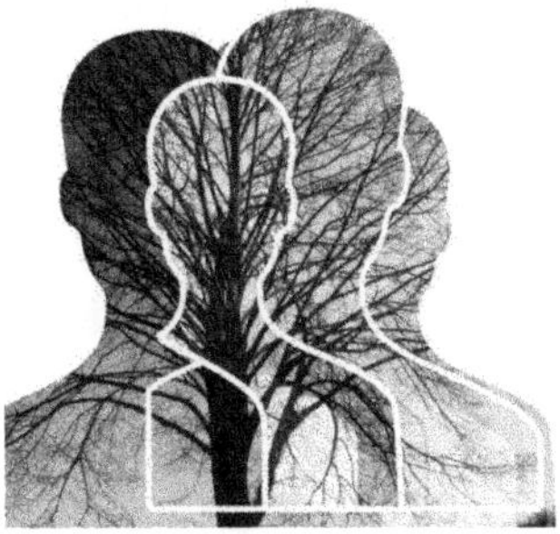

Gedanken und Unterbewusstsein steuern eine Vielzahl von Vorgängen in unserem Körper. Hier setzt u. a. das mentale Training an, um eine positive Veränderung der unbewussten Reaktionen zu erreichen.

Um z. B. erfolgreich abnehmen zu können, muss auch das Unterbewusstsein die gewünschten Veränderungen nicht nur akzeptieren, sondern auch mittragen und mithelfen.

Kraftgebende Gedanken am Beispiel Ernährung:

- Ich bin wichtig und wertvoll.
- Ich weiß heute, dass nicht ausschließlich die Gene darüber bestimmen, ob ich dick oder dünn werde. Ich beschäftige mich daher damit, wie ich gesund und vital werden und bleiben kann.

- Es gibt immer einen Weg. Wenn ich ihn bis jetzt nicht gefunden habe, heißt das nicht, dass er nicht existiert.
- Ich habe die Macht, mein Leben zum Besseren zu verändern. Ab sofort kümmere ich mich um mich selbst, ich ernähre mich gesund und lasse unnötigen Ballast auch auf energetischer Ebene los.
- Ich habe die Kraft, meine Ernährung umzustellen und mein Wunschgewicht zu erreichen.

Im Spitzensport wird seit Jahrzehnten mit autogenem und mentalem Training gearbeitet. Spitzenspieler z. B. im Tennis oder Golf haben eigene Mentaltrainer. Das vielfach verwendete Biofeedback macht unbewusste Reaktionen des Körpers sicht- und damit auch besser steuerbar.

Seit langem ist bekannt, dass Überzeugung heilen kann. Ein gutes Beispiel dafür ist der Placebo-Effekt. Damit wird eine Heilung bezeichnet, die eintritt, obwohl der Patient nur glaubt, dass er mit einer wirksamen Substanz oder Methode behandelt wurde. Dieser Placebo-Effekt ist der Beweis dafür, dass Gedanken eine Wirkung haben.

Das funktioniert auch umgekehrt mit dem Nocebo-Effekt. Dabei wurden Patienten in einem Experiment informiert, dass ein bestimmtes Mittel Nebenwirkungen wie Atemnot oder Übelkeit hervorruft. Tatsächlich bekamen sie aber nur harmlose Medikamente ohne wirksame Substanz. Über 50 Prozent klagten in der Folge über die beschriebenen Symptome, obwohl sie gar kein wirksames Medikament eingenommen hatten.

Jede Krankheit, jedes Leiden steht im Widerspruch zur Natur: Wer krank ist, denkt möglicherweise eher negativ und schwimmt gegen den Strom des Lebens. Das Gesetz des Lebens ist das Gesetz des Wachstums. Wo Wachstum und Selbstverwirklichung zu finden sind, da muss auch Leben sein. Murphy behauptet, dass man den Körper neu gestalten kann, indem man seine Einstellung positiv verändert.

Ein gereifter Mensch reagiert auf Kritik oder Angriffe seiner Mitmenschen nie negativ. Man sollte nie sein Lebensziel aus den Augen verlieren und nie jemandem gestatten, die Ausgeglichenheit, den inneren Frieden und die Gesundheit zu rauben.

Bewusstes und Unbewusstes

Das an uns beobachtbare Verhalten wird insgesamt aus einer Mischung aus bewusstem und unbewusstem Antrieb gesteuert. Unsere Gefühle, Wünsche und Gedanken stellen den bewussten Anteil unseres Verhaltens dar und umfassen 10 bis 20 Prozent. Den großen restlichen Teil übernimmt das Unterbewusstsein.

Das Unterbewusstsein ist Tag und Nacht tätig. Es baut den Körper auf und erhält ihn, ohne dass man den Vorgang wahrnimmt. Mehr als 90 Prozent des geistigen Lebens findet auf unbewusster Ebene statt, sodass Personen, die auf den Einsatz dieser Kraft verzichten, von vornherein den Rahmen und die Möglichkeiten ihres Lebens sehr fühlbar einschränken. Das Unterbewusstsein baut den Körper auf und sorgt für den ungestörten Ablauf aller lebenswichtigen Funktionen. Es arbeitet dauernd und ist bemüht, uns vor Schaden zu bewahren.

Bewusstes: Gedanken, Gefühle, Wünsche

Unbewusstes: Ängste, Konflikte, Persönlichkeitsmerkmale, Instinkt, Erbanlagen

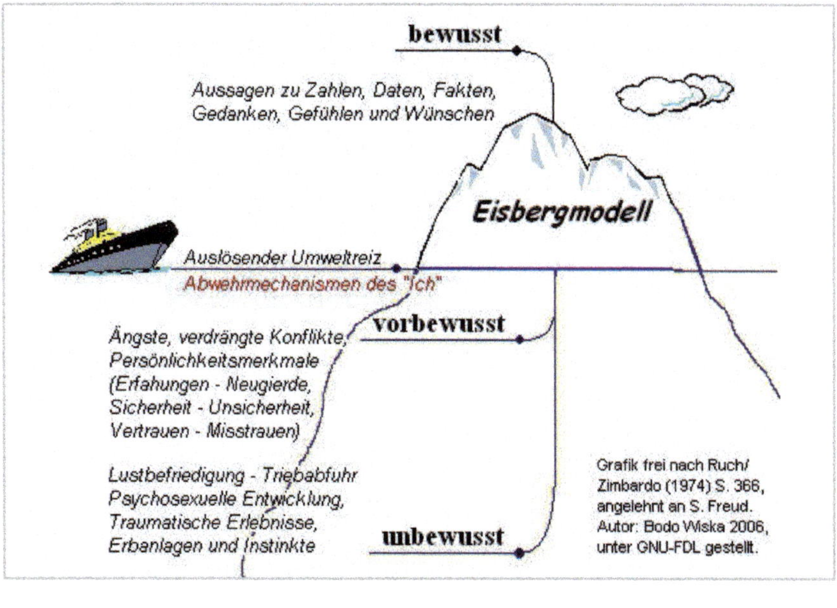

Große Künstler, Musiker, Dichter und Schriftsteller suchen Kontakt mit den Kräften ihres Unterbewusstseins und schöpfen ihre Inspiration aus dieser Quelle. Mit dem feel-wood-Training erreicht man besseren Zugang zu seinem Unterbewusstsein. Auch das Lesen im morphischen Feld ermöglicht einen Einblick in die unbewussten Prozesse eines Menschen.

William James, der Vater der amerikanischen Psychologie, sagte einmal, die größten Entdeckungen des 19. Jahrhunderts seien nicht auf dem Gebiet der Naturwissenschaften gemacht worden, sondern seien vielmehr die Erkenntnisse, welche Macht das Unterbewusstsein hat.

Jedes Problem birgt eine Lösung in sich. Jede Frage enthält die Antwort. Wer keinen Ausweg aus einer schwierigen Situation sieht, tut am besten daran, alles Weitere der Weisheit des Unterbewusstseins zu überlassen. Es wird den richtigen Weg zur Lösung zeigen. Wenn man darauf achtet, wird das Unterbewusstsein zum Beispiel mit Hilfe des morphischen Feldes die richtige Antwort geben.

Das morphische Feld

Alle Informationen – zum Beispiel der Menschen und der Menschheit – sind abgespeichert. Auch alle Informationen aus meiner Vergangenheit sind energetisch abgespeichert, ich kann jederzeit darauf zugreifen. Es gibt ein großes Feld, das morphische Feld: Man sieht es nicht, man kann es nicht messen. Man kann auf seine Informationen zugreifen.

Deshalb funktionieren Dinge wie die Schwarmintelligenz: In einem Vogelschwarm wissen alle Vögel, wo sie hin möchten. Es gibt eine gewisse Intelligenz, die einfach da ist. Das ist ein Wissen, welches im Feld abgespeichert ist.

Ein Beispiel, das jeder kennt, ist der Gedanke: Ich muss XY mal wieder anrufen. Und kurz darauf ruft XY mich an. Dieses Wissen ist einfach da, man kann es nicht erklären. Oder ein anderes Beispiel: Ich spüre Blicke in meinem Rücken. Ich drehe mich um und sehe die Person, die mich anschaut. Es gibt viele Beispiele für intuitive Wahrnehmung.

Ein weiteres Beispiel ist der Tsunami 2004 in Thailand. Dort sind nicht viele Tiere umgekommen, denn sie haben die Gefahr im Vorfeld intuitiv wahrgenommen und sind rechtzeitig ins Landesinnere gezogen. Sie haben einfach gespürt, dass da was kommt. Als Mensch nennen wir so etwas Vorahnung.

Bekannt sind die klassischen fünf Sinne: sehen, hören, tasten, riechen und schmecken. Mit dem sechsten Sinn verbindet man Fähigkeiten, die außerhalb der klassischen Sinne wahrgenommen werden. Man spricht auch vom Bauchgefühl oder der Intuition. Vom 6. Sinn wird gesprochen, wenn man irgendetwas bemerkt, ohne bewusst eine Sinneserfahrung durch die bekannten fünf Sinne gemacht zu haben. Gerne wird hier auch von einer außersinnlichen Wahrnehmung gesprochen.

Sie begegnen einem Menschen und haben sofort einen ersten Eindruck, der sich aber nicht auf das Äußere bezieht. Später im Gespräch bestätigt sich dann Ihr Gespür. Auch das Phänomen, wenn Sie in einem Bus sitzen und auf einmal das Gefühl bekommen, von hinten angestarrt zu werden, erklärt man als außersinnliche Wahrnehmung.

Spricht man vom 7. Sinn, so verbindet man damit eine außersinnliche Wahrnehmung, die jedoch nicht in der Gegenwart stattfindet, sondern in der Zukunft. Personen sind fähig, Informationen über die Zukunft zu empfangen. Man spricht auch von Vorahnung.

Hatten Sie schon Träume oder eine Vision über die Zukunft, welche dann genauso eingetroffen sind? Vielleicht hatten Sie schon einmal ein sogenanntes Déjà-vu-Erlebnis? Sie betraten einen Ort und waren sich sicher, dass Sie schon einmal dort waren? Diesbezüglich spricht man ebenfalls vom 7. Sinn.

Das morphische Feld ist immer da. Wir sind Teil des morphischen Feldes und wir nehmen es auch immer wahr. Allerdings bleibt die Wahrnehmung der Informationen aus dem Feld meist unbewusst, ein Bauchgefühl, das wir allzu oft ignorieren. Schenken Sie Ihrer morphischen Intuition wieder mehr Aufmerksamkeit!

feel-wood-Training und das Fühlen der morphischen Intuition und Intelligenz (FMI)

Ob du denkst, du schaffst es,
oder du denkst, du schaffst es nicht:
Du hast immer Recht!

Henry Ford

Mentale Kraft und Intuition

Das feel-wood-Training stellt die Bewegung in der Natur und die bewusste Wahrnehmung des Körpers, das Aufladen der „Akkus" und das Wiederentdecken der eigenen Intuition in den Vordergrund. In der Natur ist man in der Lage gute Entscheidungen zu treffen, die morphische Intuition und morphische Intelligenz kann geweckt werden. Wir können lernen, Botschaften aus dem morphischen Feld zu empfangen und diese richtig zu interpretieren. Weiters kann man die energetische Signatur optimieren.

Jede Blockade auf körperlicher, mentaler und geistiger Ebene ist eine Störung der Balance. Mit speziellen Techniken erlangt man das Gleichgewicht wieder.

Mentaltraining ist eine Methode zur konstruktiven Lebensgestaltung und kann zur bewussten Beeinflussung des eigenen Denkens, Handelns und Tuns, zur Lösung bestehender Probleme und für die Realisierung von Zielen eingesetzt werden.

Ein Ziel ist wie ein Leuchtturm, der dem Schiff die Richtung zum nächsten Hafen zeigt. Ziele geben Orientierung, Sicherheit, Selbstvertrauen, sie fokussieren Kräfte und geben Zufriedenheit.

Die Wahl der Sichtweise

Wir haben die Wahl – leider vergessen wir das allzu oft. Was uns widerfährt ist eine Sache, was wir daraus machen ist eine andere Sache. Wir können jede Situation, jedes Erlebnis als Einladung zu einem Entwicklungsschritt sehen, anstatt uns als armes Opfer der Umstände zu empfinden und keinen Schritt weiterzukommen.

Wir haben uns angewöhnt, immer außerhalb von uns selbst nach Hilfe, nach Lösungen für Probleme, nach Antworten auf unsere Fragen zu suchen. Das zeigt, dass wir offenbar unserer eigenen Macht und Weisheit nicht vertrauen. Wir springen zu Experten, zu Ärzten, zu Psychologen, zu Juristen, zu Hellsehern ... Die anderen sollen für uns denken und unsere Probleme lösen. Es kann jedoch nicht die Aufgabe von anderen Menschen sein, unsere Probleme zu lösen.

Wir selbst wählen unsere Sichtweise, niemand sonst kann diese Entscheidung für uns treffen. Mit der Wahl unserer Sichtweise treffen wir die Wahl über den weiteren Verlauf eines Geschehens. Haben Sie den Mut für neue Entwicklungsschritte! Neue Schritte erscheinen uns zuerst oft schwierig, doch können sie uns das Leben auch erleichtern, weil wir uns neue Fähigkeiten aneignen.

Unsere Lebensqualität steigt, wenn wir neue Entwicklungsschritte wagen. Natürlich sollten wir die Dinge nehmen, wie sie sind, aber wir können mit Schritten in eine neue Richtung dafür sorgen, dass genau die Dinge kommen, die wir gerne nehmen möchten.

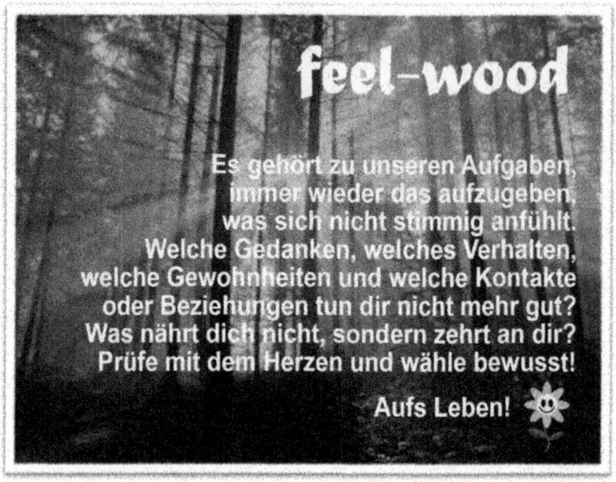

feel-wood
Es gehört zu unseren Aufgaben,
immer wieder das aufzugeben,
was sich nicht stimmig anfühlt.
Welche Gedanken, welches Verhalten,
welche Gewohnheiten und welche Kontakte
oder Beziehungen tun dir nicht mehr gut?
Was nährt dich nicht, sondern zehrt an dir?
Prüfe mit dem Herzen und wähle bewusst!
Aufs Leben!

Interne Kommunikation

Wir denken täglich etwa 60.000 Gedanken. Die negativen Gedanken im Alltag sind wesentlich häufiger. Wenn wir es nun schaffen, einen Teil unserer Gedanken vom Negativen ins Positive zu wenden, sind wir zufriedener und erfolgreicher.

Mit der linken, logischen Gehirnhälfte können wir zirka sieben Eindrücke pro Sekunde aufnehmen (Licht, Geräusche, Eindrücke ...).

Mit der rechten, bildhaften Gehirnhälfte nehmen wir bis zu 10.000 Eindrücke pro Sekunde auf. Die meisten lagern dann in unserem Unterbewusstsein.

Das Verhältnis von dem, was wir bewusst sehen und verstehen, zu dem, was unsere innere Stimme, unser Unterbewusstsein weiß, ist also 7:10.000.

Eine Geschichte: Die Fabel von den Fröschen

Eines Tages entschieden die Frösche, einen Wettlauf zu veranstalten. Um es besonders schwierig zu machen, legten sie als Ziel fest, auf den höchsten Punkt eines großen Turms zu gelangen. Am Tag des Wettlaufs versammelten sich viele andere Frösche, um zuzusehen.

Dann endlich – der Wettlauf begann.

Nun war es so, dass keiner der zuschauenden Frösche wirklich glaubte, dass auch nur ein einziger der teilnehmenden Frösche tatsächlich das Ziel erreichen könne. Anstatt die Läufer anzufeuern, riefen sie also „Oje, die Armen! Sie werden es nie schaffen!" oder „Das ist einfach unmöglich!" oder „Das schafft Ihr nie!" Und wirklich schien es, als sollte das Publikum Recht behalten, denn nach und nach gaben immer mehr Frösche auf. Das Publikum schrie weiter: „Oje, die Armen! Sie werden es nie schaffen!"

Und wirklich gaben bald alle Frösche auf – alle, bis auf einen einzigen, der unverdrossen an dem steilen Turm hinaufkletterte – und als einziger das Ziel erreichte. Die Zuschauerfrösche waren vollkommen verdattert und alle wollten von ihm wissen, wie das möglich war.

Einer der anderen Teilnehmerfrösche näherte sich ihm, um zu fragen, wie er es geschafft hatte, den Wettlauf zu gewinnen. Und da merkten sie erst, dass dieser Frosch taub war!

Diese Geschichte möchte uns verdeutlichen, dass wir oft auf Leute hören, die pessimistisch sind und unsere Wünsche schlecht reden. Die Empfehlung lautet: Seien Sie positiv und seien Sie taub, wenn Ihnen jemand sagt, dass Sie Ihre Träume nicht realisieren können.

Geist und Seele altern nicht

Manche Menschen sind mit 30 Jahren alt, während andere wiederum mit 80 Jahren noch jung sind. Der Geist bestimmt den Zustand des Körpers. George Bernhard Shaw war mit 90 Jahren noch unermüdlich tätig, sein schöpferisches Genie war unverwüstlich.

Jugend und Alter sind relative Begriffe und hängen nicht von der körperlichen Tüchtigkeit ab, sondern von der Denkensart. Wer in Gedanken stets beim Schönen und Guten verweilt, wird immer jung bleiben, egal wie viele Jahre er zählen mag. Man wird alt, sobald man das Interesse am Leben verliert und aufhört zu träumen. Wessen Geist jedoch offensteht für neue Ideen, neue Interessen, wer Tor um Tor öffnet, um das Leben in sich eindringen zu lassen, wird immer jung bleiben.

Externe Kommunikation

Es gibt Menschen, in deren Gegenwart auch schwere Zeiten leichter werden. Und dann gibt es jene, die selbst schöne Momente schlecht machen. Mit welcher „Sorte" haben wir mehr zu tun?

„Er geht mir so auf die Nerven!" – „Immer wenn er da war, bin ich völlig fertig." Die meisten von uns haben Kontakt zu Personen, die nicht guttun. Wenn man im Zusammensein mit jemandem immer wieder ausgenutzt, dominiert und respektlos behandelt wird, kann das auf Dauer nicht nur körperlich krank machen, sondern auch depressive Verstimmungen, Ängste oder Süchte begünstigen. Beziehungen, die überwiegend Kraft nehmen, meidet man am besten. Man hat es selbst in der Hand.

Freunde, Haubentaucher, Energievampire

Dr. Manfred Winterheller beschreibt drei Kategorien von Menschen: Freunde, Haubentaucher und Energievampire.

Eine Analyse der Menschen, mit denen wir am meisten zu tun haben, kann für die eigene Energiebilanz sehr aufschlussreich sein. Es ist klar, dass man sich von Energievampiren fernhalten soll und/oder ihnen deutlich Grenzen setzen muss.

Energievampire sind Menschen, die laut und deutlich ihre negativen Gedanken kommunizieren. Die Gattung der Energievampire hat viele Unterarten: auffälligere und weniger auffällige, jammernde, schimpfende, böswillige und leidende. Allesamt sind sie eine Belastung für ihre Umwelt, da sie allen anderen durch ihre Bemerkungen Lebensenergie absaugen. Häufig machen Energievampire dies unabsichtlich, was aber nichts an ihrer Wirkung ändert. Nämlich, dass man sich nach dem Kontakt mit der Spezies müde und „ausgesaugt" fühlt.

Die Haubentaucher (oder die menschlichen Energiesparlampen) sind zwar grundsätzlich konstruktive, nette Menschen, sie setzen aber wenig (kommunikative) Energie ein, schwimmen mit und tragen so zur positiven Gesprächsstimmung und Lösungsfindung wenig bei. Die Schwierigkeit ist, dass sie untertauchen, sobald sie sich äußern, Stellung beziehen oder Verantwortung übernehmen müssten. Dazu kommt, dass sie meist leicht beeinflussbar sind, weil sie nichts Positives entgegensetzen. Haubentaucher muss man sanft, aber dennoch bestimmt von Zeit zu Zeit zum „Auftauchen" zwingen, indem man sie z. B. direkt anspricht und ihren konstruktiven Beitrag einfordert.

Freunde sind Menschen, die einen unterstützen und Kraft geben. Mit denen man gerne beisammen ist und die auch in schwierigen Situationen eine Stütze sind. Man kann sich auf seine Freunde immer verlassen.

Das eigene Umfeld (die Menschen, mit denen wir zu tun haben) auf diese Weise anzusehen, kann helfen zu analysieren, wohin unsere Energie fließt.

PRAXIS: Mit welchen Menschen habe ich am meisten zu tun (beruflich, privat)?

In welcher Kategorie sehe ich die einzelnen Personen?

Energievampire: ....

....

....

Haubentaucher: ....

....

....

Freunde: ....

....

....

Spannend ist, mit welcher Stimme man mit sich selbst spricht. Mit sich selbst pflegt man den meisten Umgang.

Ist man zu sich selbst ein Energievampir? (Kritisiere ich mich ständig? Sehe ich sofort das Negative an Veränderungen? Und weiß ich bei einer Entscheidung – im Nachhinein – eh klar, dass das schiefgehen musste...?)

Ist man zu sich selbst ein Haubentaucher? (Verschiebe ich die Auseinandersetzung mit dem Thema auf irgendwann?) Oder ist man zu sich selbst ein guter Freund?

PRAXIS: Wie gehe ich mit mir selbst um?

Spreche ich zu mir selbst mit der Stimme des ...

... Energievampirs?	❒ ja, oft	❒ eher selten	❒ nein
... Haubentauchers?	❒ ja, oft	❒ eher selten	❒ nein
... Freundes?	❒ ja, oft	❒ eher selten	❒ nein

Meine Beobachtungen: ....

....

....

feel-wood
Lass es dir gut gehen.
Gönne dir im Alltag immer wieder Minuten
oder Stunden des bewussten Genießens,
ob mit einem Bad, einem Saunagang,
einer Massage oder einem Spaziergang mit dir.
Oder mache es dir kuschelig
mit einem Tee oder einem guten Glas Wein
bei Kerzenschein oder Kaminfeuer.
Aufs Leben!

Morphische Intuition

Wir leben in Zeiten, wo sich die Menschen mehr und mehr von der Natur, ihrer natürlichen Intuition und dem Bauchgefühl entfernen. Das feel-wood-Training weckt die eigene morphische Intuition wieder und fördert das Wahrnehmen dieses Bauchgefühls.

Das Umfeld des Menschen hat sich sehr verändert. Früher verbrachte man viel mehr Zeit im Freien, in der Natur, und man hat in natürlichen Materialien gewohnt.

Was ist heute?

Viele Leute wohnen in der Stadt und sind von Lärm, Trubel und Hektik umgeben und das Gespür für das Wesentliche und dafür, was uns gut tut, geht verloren. Die Empfehlung lautet: Auszeiten nehmen. Und diese Auszeiten sollte man am besten in der Natur oder im Wald verbringen.

Dazu kommt auch noch die ständige Versuchung durch Handy, Social Media und Co. Es gibt sehr viele Ablenkungsmöglichkeiten. Früher hat man auf der Couch oder draußen im Gras gelegen, in den Himmel gestarrt und sinniert. Heute greifen wir nach wenigen Sekunden zum Handy, weil wir glauben, wir müssen uns beschäftigen und ein wenig unterhalten. Das ist der Grund, warum wir bei unseren feel-wood-Seminaren das Handy ausschalten, oder noch besser daheim lassen (das schaffen wir meist ohnehin nicht).

PRAXIS: Was ist meine große Versuchung, um mich abzulenken?

Ist es durchs Leben rennen? Fernsehen? Einkaufen? Facebook? Whatsapp? Tiktok? Oder ...?

Meine Beobachtungen: ....

....

....

....

Um Körper, Geist und Seele in Einklang zu bringen empfehlen wir, sich einmal im Jahr drei oder vier Tage für sich Zeit zu nehmen. Natürlich kann man das alleine machen, oder in der Gruppe. Im feel-wood-Training gehen wir meistens auf eine Alm und stärken den Zugang zum morphischen Feld und fokussieren auf das Wesentliche im Leben.

Was macht mir Spaß im Leben?

Wo möchte ich hin?

Wo sehe ich mich in fünf Jahren, wo sehe ich mich in 10 Jahren?

Und einfach Revue passieren lassen, was bis jetzt im eigenen Leben passiert ist, was mir gut tut, wo ich hin möchte. Genau das machen wir beim feel-wood-Training vier Tage lang auf der Alm.

Mehr auf die eigene Intuition zu hören, macht das tägliche Leben einfacher. Man kann leichter durchs Leben gehen. Wenn ich gleich auf mein Bauchgefühl höre, muss ich mit dem Kopf nicht so unnötig viel nachdenken. Zum Beispiel: Soll ich jetzt lieber in der Firma A oder in der Firma B arbeiten? Wenn ich die eine Firma anschaue und dann die andere Firma, dann habe ich ein gewisses Gefühl dazu. Wenn ich gleich auf dieses Gefühl höre, dann weiß ich sofort: Das erste, was kommt, das ist das Richtige. Erst danach fängt man an Listen zu machen, ist die Liste A länger oder die Liste B ... Das kann man vergessen.

Das Wichtige ist: Was ist der erste Eindruck? Und wie spüre ich das in mir selber?

Dieses „Hineinspüren" ist bei manchen Personen etwas verschüttet. Das feel-wood-Training schafft Abhilfe. Wenn man dieses Spüren, die eigene Intuition ein wenig trainiert, kann man schnellere, bessere Entscheidungen treffen. Bessere Entscheidungen für sich selbst zu treffen, das ist das Ziel.

feel-wood-Training – Einzelcoaching

Die Nähe zur Natur, die Wiederannäherung zur Natur ist wichtig, damit man die eigene Intuition wieder mehr wahrnehmen kann. Das ist der Grund, warum ich Einzelsitzungen immer im Wald mache – Online natürlich auch, aber ansonsten im Wald.

Menschen kommen mit vielerlei Themen zu mir, die sie abklären möchten. Der Erstkontakt ist meist ein Telefonat, in dem wir einen Termin für ein feel-wood-Einzelcoaching vereinbaren.

Idealerweise kommt die Person zu mir und wir führen das Einzelcoaching im Wald durch. Es gibt auch die Möglichkeit, ein telefonisches Einzelcoaching zu vereinbaren. Dauer eines Coachings ist etwa eine Stunde.

Ich bitte die Person, bis zu unserem vereinbarten Termin alle Fragen aufzuschreiben, die sie gerne klären möchte. Die Fragen müssen nicht unbedingt zu einem einzigen Thema sein, es können ganz unterschiedliche Themen sein, Job, Beziehung, Wohnungswechsel, was auch immer.

Im Einzelcoaching arbeite ich mit der Intuition und dem morphischen Feld (dazu mehr im nächsten Kapitel). Es gibt mehrere Möglichkeiten, wie man zum morphischen Feld Zugang bekommen kann. Eine Möglichkeit ist eine Zettelaufstellung, eine zweite Möglichkeit ist eine schamanische Aufstellung, eine dritte Möglichkeit ist über eine andere Person, die als Kanal fungiert. Es gibt noch viele andere Möglichkeiten, aber in meiner Arbeit verwende ich diese drei Zugänge.

Zettelaufstellung

Nehmen wir als Beispiel einen bevorstehenden Wohnungswechsel. Sie möchten im Einzelcoaching klären, welche von zwei möglichen neuen Wohnungen Sie wählen sollen. Beide passen Ihrer Meinung nach gut, also welche ist die richtige für Sie?

In einer Zettelaufstellung schreiben Sie Wohnung A auf einen Zettel und Wohnung B auf einen anderen Zettel. Die beiden Zettel lege ich auf den Boden, und zwar mit der beschrifteten Seite unten. Sie wissen also nicht, welcher Zettel welche Wohnung repräsentiert.

Sie stellen sich auf den Zettel 1 und spüren in sich hinein: Wie geht es mir auf dem Zettel 1?

Dann stellen Sie sich auf den Zettel 2 und spüren in sich hinein: Wie geht es mir auf dem Zettel 2?

Ich weiß, es klingt ein wenig verrückt, aber mit dieser einfachen Methode wissen Sie sofort, welche Wohnung die richtige ist, denn Sie spüren es ganz einfach. Das ist das Bauchgefühl. Das ist Ihre eigene morphische Intuition. Für Entscheidungen ist das Bauchgefühl, die Intuition ausschlaggebend, erst danach schaltet sich der Kopf ein, wie die Wissenschaft heute weiß. Wenn Sie auf diesem Zettel stehen und zum Beispiel sagen: „Ich habe das Gefühl, mir tut das Kreuz weh, ich muss mich da verbiegen auf dem Zettel," dann heißt das: Wenn ich diese Wohnung nehme, dann muss ich mich verbiegen.

Ich unterstütze Sie beim Einzelcoaching durch meine Anleitungen, Fragen und Beobachtungen.

Mit der Zettelaufstellung können sich Menschen viel besser einfühlen. Viele brauchen keine Unterstützung für das Einfühlen, das funktioniert von selbst. Aber es gibt natürlich auch Leute, die sagen: „Ich spüre nichts auf dem Zettel, für mich ist das kein Unterschied, ob ich auf dem einen Zettel oder auf dem anderen Zettel stehe." Dann ist meine Aufgabe als Trainerin zu schauen, wie dieser Mensch mehr zu seinem Bauchgefühl, zu seiner Intuition finden kann. Da gibt es einige Zugänge, die ich hier vermitteln kann, zum Beispiel sich zu erden, sich selber besser zu spüren.

Das Bauchgefühl ist immer richtig eingestellt. Es gibt einfach Leute, die weniger auf ihr Bauchgefühl und ihre Intuition hören, und Leute, die mehr darauf hören. Meine Aufgabe ist es zu ergründen, was dieser Mensch braucht, um wieder in sein Bauchgefühl zu kommen, seine Intuition wahrzunehmen.

Bei der Zettelaufstellung stellen Sie selbst einen direkten Kontakt zum morphischen Feld her und Ihr Bauchgefühl bzw. Ihre Intuition übermittelt Ihnen die Informationen aus dem Feld.

Das morphische Feld für Sie lesen

Eine Methode ist, dass ich das morphische Feld für Sie lese. Da steige ich ein ins Feld. Das Feld beantwortet die Fragen durch mich, ich bin der Kanal.

Nehmen wir wieder dasselbe Beispiel wie bei der Zettelaufstellung: einen bevorstehenden Wohnungswechsel. Sie möchten im Einzelcoaching klären, welche von zwei möglichen neuen Wohnungen Sie wählen sollen. Beide passen Ihrer Meinung nach gut, also welche ist die richtige für Sie?

Sie stellen Ihre Fragen, das Feld gibt dann die Antwort, die ich übermittle. Wichtig ist, dass ich als Kanal nur weitergebe und nicht interpretiere. Sie als die Person, für die die Antwort gedacht ist, können entweder etwas damit anfangen und wenn nicht, dann müssen Sie einfach zu diesem Thema weiterfragen. Sie fragen und ich bekomme die Antworten aus dem Feld.

Wie bekomme ich die Antworten aus dem Feld? Ich sehe Bilder oder ich habe Empfindungen oder ich bekomme Worte, das ist ganz unterschiedlich.

Morphisches Feld Lesen ist eine gute Möglichkeit, um Entscheidungsfragen schnell beantworten zu können und den Lebensweg geradliniger gehen zu können. Sie können spüren, was richtig für Sie ist und fühlen, was Ihrer Wahrheit entspricht. Gleichzeitig können Blockaden aus dem Weg geräumt werden.

Auf welche Fragen antwortet das morphische Feld?

Sie können alle generellen Fragen des Lebens stellen. Das morphische Feld gibt ohnehin nur dann eine Antwort, wenn man die Information heute in dem Moment braucht.

Ein wesentliches Prinzip ist jedoch: Das Feld antwortet Ihnen nur, wenn es Sie selbst betrifft und keine andere Privatsphäre verletzt.

Ich kann nicht aus bloßer Langeweile die Frage stellen: Wie geht es dem Nachbarn, was macht der da drüben gerade? Denn das geht mich einfach nichts an. Das Feld ist sehr achtsam.

Sie können Fragen zu beruflichen und zu privaten Themen stellen, aus allen möglichen Bereichen, die Sie gerade beschäftigen. Sie können auch Fragen stellen wie: „Was ist der Sinn des Lebens?“ Man sieht dann ohnehin, welche Information aus dem Feld kommt und wie Sie diese dann interpretieren. Man kommt dann vielleicht einen Schritt weiter in die richtige Richtung durch die Antwort aus dem Feld.

PRAXIS: Beispielfragen für Lesungen im morphischen Feld

Damit Sie eine konkrete Vorstellung davon bekommen, welche Art von Fragen Sie an das morphische Feld stellen können, gebe ich im Folgenden einige Beispiele. Alle diese Fragen wurden von Kunden gestellt und das Feld gab Antworten. Bitte beachten Sie, dass jeder Mensch individuell ist und die Antworten aus dem morphischen Feld nur auf diesen einen Menschen passen. Obwohl die Antworten immer individuell sind, teile ich hier einige der Erfahrungen, die ich mit Kunden gemacht habe, denn ich denke, dass sie ein Bild vom Lesen des morphischen Feldes vermitteln können und Sie vielleicht inspirieren.

Falls Sie das Thema einer Frage anspricht, können Sie jeweils Ihre eigenen Fragen dazu notieren.

Ich habe 2 Jobangebote: Ist es für mich langfristig besser, bei Firma A oder Firma B anzufangen? Wo habe ich die besseren Entwicklungsmöglichkeiten?

Meine Fragen zu diesem Themenbereich: ....

....

....

ERLEBNISBERICHT: Ein Mann konnte sich nicht entscheiden, welches Jobangebot er annehmen sollte. Er hatte die Wahl zwischen zwei Firmen. Wir vereinbarten ein telefonisches Einzelcoaching und ich war der Kanal zum morphischen Feld.

Das Feld gab ihm die Information: Bei Firma A haben Sie mehrere Entwicklungsmöglichkeiten, Sie sind sehr beschäftigt und können eine Führungsposition im Unternehmen erreichen. Wenn das jetzt Ihr Ziel ist, dann ist Firma A für Sie die richtige. Bei Firma B sind Sie auch sehr gefordert, dort haben Sie eine gute Work-Life-Balance.

Bei diesem Kunden war es so, dass er ein wenig raus aus dem Hamsterrad wollte. Deshalb hat er sich für Firma B entschieden und dort eine verantwortungsvolle Aufgabe übernommen, wo er aber auch Zeit für Dinge hatte, die ihm neben dem Beruf wichtig sind. Da hat sich die Information aus dem morphischen Feld bestätigt.

Mit dieser Person bin ich auch jetzt noch in Kontakt, weil er immer wieder mal verschiedene Fragen hat. Wir telefonieren ca. alle 3 Monate.

Soll ich mich selbständig machen, oder ist es besser für mich, im jetzigen Beruf zu bleiben?

Meine Fragen zu diesem Themenbereich: ....

....

....

ERLEBNISBERICHT: Ein Mann hatte ein Geschäftsidee. Das morphische Feld sagte: Ja, die Geschäftsidee ist gut, aber schauen Sie noch, was da der USP (Unique Selling Proposition) ist. Er musste sich also noch gut überlegen, was ihn mit seiner Geschäftsidee von anderen Produkten abhebt. Das Feld hat auch gesagt, dass in seinem jetzigen Beruf alles gut läuft, er verdient gutes Geld, aber er ist nicht hundertprozentig glücklich. Es gibt ihm Sicherheit.

Die Empfehlung vom Feld war, den Beruf weiterzumachen und wenn diese Geschäftsidee wirklich gut läuft, kann er entweder ganz im jetzigen Beruf aufhören oder die Stunden reduzieren, also nebenberuflich agieren.

Ich habe eine Geschäftsidee, ein neues Produkt, eine neue Filiale. Was muss ich tun, um damit erfolgreich zu sein?

Meine Fragen zu diesem Themenbereich: ....

....

....

ERLEBNISBERICHT: Ein Unternehmer hatte mehrere Geschäftsfelder und mehrere Unternehmen, die er schon beraten hatte. Er war unsicher, welche davon er intensiver beraten sollte.

Das morphische Feld sagte: Knien Sie sich bei Firma A mehr hinein, denn da ist der Erfolg wahrscheinlicher als bei Firma B. Er sollte mehr Zeit in Firma A investieren und nicht so viel Zeit in Firma B, weil die Struktur in Firma B mühsam war, die Entscheidungsstruktur dort war schwierig, deshalb würde er sich möglicherweise schwerer tun als bei Firma A. Er sollte also beide Projekte verfolgen, aber eins mit mehr Energie als das andere.

Ich habe zu wenig Kunden, wie kann ich das ändern?

Meine Fragen zu diesem Themenbereich: ....

....

....

ERLEBNISBERICHT: Eine Bürokauffrau, die Buchhaltungsthemen übernimmt, wollte einen Newsletter an ihre Bestandskunden verschicken.

Dazu war die konkrete Empfehlung des morphischen Feldes, dass der Newsletter auch aktuelle Beispiele enthalten sollte. Zum Beispiel sollte sie über Änderungen gesetzlicher Rahmenbedingungen und deren konkrete Auswirkungen berichten. Wichtig wäre, mehr Informationen in den Newsletter zu verpacken. Sie sollte nicht nur allgemein schreiben, sondern konkrete Info, womit der Kunde wirklich etwas anfangen kann.

In unserem Team streiten wir sehr oft, und wir sind ineffizient, was können wir verändern?

Meine Fragen zu diesem Themenbereich: ....

....

....

ERLEBNISBERICHT: Eine Dame aus Oberösterreich war Mitglied in einem Team und sagte: Wir tragen es zwar nicht so aus, aber man merkt, dass immer eine Spannung da ist.

Die Empfehlung des morphischen Feldes war, dass sie in ein anderes Team wechseln sollte, da würde sie sich leichter tun. Im aktuellen Team würden die beiden anderen Teammitglieder lieber zu zweit zusammenarbeiten, also passte sie als Dritte einfach nicht hinein. An einem anderen Ort in derselben Firma hingegen brauchten sie gerade noch jemanden in einem Team.

Das hat sich bestätigt. Sie hat in ein anderes Team gewechselt, es ist ihr besser gegangen in ihrem Beruf, sie hat sich besser entfalten können und hat sich wohler gefühlt, weil sie in das andere Team gut aufgenommen wurde.

Was ist der nächste berufliche Wachstumsschritt?

Meine Fragen zu diesem Themenbereich: ....

....

....

ERLEBNISBERICHT: Diese Frage beschäftigte eine Person, die keine konkreten Angebote hatte, sondern sich einfach fragte, in welche Richtung es für sie in beruflicher Hinsicht weitergehen könnte.

Das morphische Feld antwortete: In der jetzigen Firma sind Sie sehr gut aufgehoben, machen Sie noch eine Ausbildung in Richtung Personalwesen, dann haben Sie gute Möglichkeiten, sich in diese Richtung weiterzuentwickeln, denn das macht Ihnen Spaß und da können Sie auch noch mehr verdienen.

Ich fühle mich gut ausgelastet mit Familie und Beruf und habe keine Zeit für mich. Wie kann ich das ändern?

Meine Fragen zu diesem Themenbereich: ....

....

....

ERLEBNISBERICHT: Eine Landwirtin kam mit dieser Frage zum feel-wood-Einzelcoaching. Sie erzählte, mit ihrem Kind war es so schwierig mit dem Hausübung machen, da gab es immer Probleme. Das morphische Feld sagte zum Thema Hausübung machen ganz klar: In der Tagesbetreuung oder in der Nachmittagsbetreuung würde das Kind die Hausübung mit den anderen Kindern viel lieber und viel leichter machen, dann bräuchte sie sich als Mutter nicht so viel Zeit zu nehmen für das Kind, denn wegen der Hausübung hatten sie immer viel Streit. Wenn sie den Bereich Hausübung auslagern könnte, dann wäre ein großer Brocken weg, der viel Streitpotenzial hat.

Die Empfehlung aus dem Feld war zu versuchen, den Bereich Hausübung auszulagern. Es gab noch ein paar andere Empfehlungen, zum Beispiel eine Haushaltshilfe, jemand, der bügelt – also wirklich konkrete Empfehlungen, damit sie sich freispielen und mehr Zeit für sich nehmen kann. Das hat sie dann gemacht und sie ist jetzt eine weniger Getriebene.

Wie kann ich entscheidungsfreudiger werden?

Meine Fragen zu diesem Themenbereich: ....

....

....

ERLEBNISBERICHT: Eine Kundin meinte, sie tut sich immer so schwer mit Entscheidungen. Die Empfehlung vom morphischen Feld war, eine Herzintegration zu machen. Diese Übung beschreibe ich im nächsten Kapitel.

Im Rahmen einer morphischen Lesung kann man Ängste auflösen, sofort und direkt. Dazu dient die Herzintegration. Am Schluss dieser Übung wird ein positiver Verstärker gesetzt, der im Fall dieser Kundin so lautete: „Hier und Jetzt entlasse ich mich aus dieser Entscheidungsunfähigkeit und wenn ich mich in Zukunft für irgendetwas entscheiden soll, höre ich auf den ersten Impuls, der kommt, und dann entscheide ich mich gleich für das Richtige. Ich brauche nicht mehr siebzehn Mal hin und her nachzudenken."

Mit der Herzintegration kann man ein Thema bei der Person aus dem Weg räumen. So wie eine Zwiebelschale: Man hat eine Schale abgeschält und die Person kann dadurch leichter durchs Leben gehen, weil sie Entscheidungen schneller treffen kann und sich nicht mehr denken muss: Hätte ich damals, warum habe ich damals nicht ... Sie braucht sich nicht mehr so viele Gedanken zu machen, was gewesen wäre, wenn sie etwas anderes gemacht hätte. Das fällt alles weg, das ist aus dem Kopf draußen.

Ich habe eigentlich alles, bin aber trotzdem unzufrieden in meinem Leben. Was kann ich tun?

Meine Fragen zu diesem Themenbereich: ....

....

....

ERLEBNISBERICHT: Es kommen oft Leute, die sagen: Ich habe eigentlich alles. Ich habe ein super Haus, ich habe ein super Auto, meine Kinder sind gesund, die Familie funktioniert gut – aber ich bin nicht glücklich, ich bin nicht zufrieden, ich weiß nicht, was los ist.

Obwohl sie augenscheinlich alles haben, sind sie trotzdem nicht zufrieden, sie ruhen nicht in sich. In diesem Fall ist Mentaltraining eine gute Unterstützung. Und natürlich das feel-wood-Training im Wald, damit man raus aus dem Alltag kommt und in der Ruhe der Natur die eigene morphische Intuition wieder spüren kann.

Wie finde ich mein höheres Selbst?

Meine Fragen zu diesem Themenbereich: ....

....

....

ERLEBNISBERICHT: Eine Psychotherapeutin stellte diese Frage: Wie finde ich mein höheres Selbst? Das morphische Feld sagte, sie sei auf einem guten Weg und sie müsse das höhere Selbst nicht suchen, denn das höhere Selbst ist sowieso immer vorhanden, sie hätte es jetzt nur noch nicht erkannt. Sie würde es erkennen und wäre auf einem guten Weg mit den Themen, die sie gerade abhandelte. Sie hatte einige Weiterbildungen in diese Richtung gemacht. Die Botschaft des Feldes war, dass sie nicht suchen muss, sie braucht sich diesen Stress der Suche nicht anzutun, weil sie es erkennen wird, wenn es so weit ist.

Wie finde ich meine Berufung?

Meine Fragen zu diesem Themenbereich: ....

....

....

Was ist meine Bestimmung?

Meine Fragen zu diesem Themenbereich: ....

....

....

Ich bin nicht sicher, ob das der richtige Partner für mich ist?

Meine Fragen zu diesem Themenbereich: ....

....

....

Meine Tochter verträgt einige Nahrungsmittel nicht, wir haben es natürlich vom Arzt abklären lassen, gibt es auf energetischer Ebene eine zusätzliche Hilfestellung?

Meine Fragen zu diesem Themenbereich: ....

....

....

ERLEBNISBERICHT: Eine Mutter kam zu mir und wollte wissen, ob das Feld Empfehlungen in Bezug auf die Nahrungsmittelunverträglichkeiten ihrer Tochter hätte.

Bevor ich auf den konkreten Fall eingehe, stellt sich die Frage: Kann man das morphische Feld befragen, wenn es sich um die eigenen Kinder handelt? Wenn das Kind 6 oder 7 Jahre alt ist, sprich man ist verantwortlich für das Leben des Kindes, dann kann man diese Frage auch für das Kind ans Feld stellen.

Nun zur Frage dieser Mutter in Bezug auf die Nahrungsmittelunverträglichkeiten. Das Feld sagt immer: vom Arzt alles abklären lassen. Denn das Feld gibt Unterstützung auf energetischer Ebene, nicht auf medizinischer Ebene.

In diesem konkreten Fall sagte das morphische Feld: Die Tochter hatte einfach ein bisschen mehr Aufmerksamkeit gebraucht, weil sehr viel Aufmerksamkeit dem Sohn gegeben wurde, der Lernschwierigkeiten hatte und dadurch war die ganze Energie beim Sohn. Die Tochter hatte sich zurückgesetzt gefühlt.

Die Mutter hat dann versucht, für beide Kinder ähnlich viel Energie aufzuwenden. Die Nahrungsmittelunverträglichkeiten waren dadurch nicht gelöst, sie haben natürlich auch geschaut, was man vom Essen her besser machen kann, Empfehlungen dazu haben sie ohnehin vom Arzt bekommen. In Summe hat das gut zusammengepasst und die Mutter hat entschieden, dem zweiten Kind, also der Tochter, mehr Aufmerksamkeit zu geben. Dadurch hat sich das Thema „Essen“ auch normalisiert.

Warum lehnt mich mein Kind ab?

Meine Fragen zu diesem Themenbereich: ....

....

....

ERLEBNISBERICHT: Eine Mutter wollte wissen: Warum lehnt mich meine Tochter ab?

Die Antwort aus dem morphischen Feld war: Die Tochter hatte eine andere Wahrnehmung als die Mutter. Die Tochter hatte die Wahrnehmung, dass die Mutter ihr damals den Vater weggenommen hatte. Der Vater war ausgezogen und die Tochter gab der Mutter die Schuld dafür. Während des Gesprächs konnte das morphische Feld das aufklären, indem es darauf aufmerksam machte, dass es damals für alle Beteiligten einfach am besten war. Nach der Lesung des morphischen Feldes konnte die Mutter diese Ablehnung auf energetischer Ebene der Tochter kommunizieren und das Verhältnis hat sich dann gebessert.

Fragen in diese Richtung kommen sehr oft: Warum lehnt mich XY ab?

Das kann jemand in der Familie sein, aber auch am Arbeitsplatz. Warum vertrage ich mich mit dem Kollegen nicht ...

Fragen dieser Art können auf energetischer Ebene ausgesprochen werden und sozusagen gelöst werden. Dann verändert sich tatsächlich auf der körperlichen Ebene oder in der Außenwelt etwas.

Tatsächlich kommen nach der Lesung Leute und sagen: „Wow, ja, es geht jetzt schon viel besser, wir haben jetzt ein gemeinsames Projekt und können viel besser zusammenarbeiten als vorher." Da gibt es viele konkrete Beispiele.

Meine Tochter weiß nicht, welche Schule sie weiter machen soll und wie sie den richtigen Beruf findet?

Meine Fragen zu diesem Themenbereich: ....

....

....

ERLEBNISBERICHT: Zu diesem Thema haben wir eine Zettelaufstellung gemacht und die Tochter selbst hat hineingefühlt, in welche Schule sie am liebsten gehen möchte, ohne dass sie wusste, was am Zettel geschrieben war. Sie ist nun in dieser, von ihr gewählten Schule sehr zufrieden und lernt gerne.

Ich bin immer müde, was kann ich machen?

Meine Fragen zu diesem Themenbereich: ....

....

....

ERLEBNISBERICHT: Ein Mann kam zu mir, der wusste, dass er Borreliose hatte. Er war in ärztlicher Behandlung und hat das Thema auch energetisch im Rahmen einer schamanischen Aufstellung betrachtet.

Das morphische Feld hat dem Mann eine Botschaft der Borrelien über ihn übermittelt und gesagt, er dürfe nicht so viel arbeiten. Es war ein Herunterbremsen in seinem Leben, ein bewusstes Herunterbremsen, weil er einfach viel zu viel gearbeitet hatte. Die energetische Botschaft dahinter war, dass er mehr auf sich schauen soll.

Bei ihm war es so, dass er wieder ganz normal arbeiten gehen konnte, allerdings hat er weniger gearbeitet und mehr auf sich geachtet. Vorher konnte er über weite Strecken gar nicht mehr arbeiten. Er hat lange Zeit viel zu viel gearbeitet, konnte durch die Borreliose gar nicht mehr arbeiten, wurde also total gebremst und konnte schließlich ein richtiges Mittelmaß finden. Das morphische Feld bezieht sich immer auf die energetische Ebene, also was man zusätzlich zur medizinischen Behandlung noch machen kann.

In meinem Leben geht alles so schwer, wie kann ich zu mehr Leichtigkeit kommen?

Meine Fragen zu diesem Themenbereich: ....

....

....

Meine Oma ist gestorben und ich möchte wissen, ob es ihr jetzt gut geht?

Meine Fragen zu diesem Themenbereich: ....

....

....

ERLEBNISBERICHT: Man kann auch in Kontakt mit Verstorbenen treten. Eine junge Frau kam zu mir und wollte wissen, ob es ihrer verstorbenen Oma gut ging.

Das morphische Feld sagte: Ja, die Oma ist auf einem guten Weg, sie möchte nur noch der Enkelin die Botschaft übermitteln, dass es ihr gut geht und sie sich freuen würde, wenn die Enkelin ab und zu an sie denkt und ihr ab und zu eine Kerze am Friedhof anzündet, aber sie soll sich keine Gedanken machen, sie ist gut angekommen, ihr geht es gut.

Die Enkelin wollte genau das hören, sie hatte sich gewünscht, dass es ihrer Oma in der Anderswelt gut geht. Sie wollte ihre Oma in Erinnerung behalten, wie sie sie zuletzt gesehen hatte. Also wollte sie nicht mehr zur Oma ins Krankenhaus gehen, weil sie dieses Bild nicht sehen wollte.

Trotzdem wollte sie sich von der Oma verabschieden und hat das auf energetischer Ebene gemacht. Sie hat gesagt: „Oma, danke, dass du für mich immer da warst, ich bin so dankbar, dass wir eine so lange Zeit miteinander verbringen haben können, du hast mir immer geholfen und ich habe mich einfach so geborgen gefühlt bei dir. Ich wünsche dir jetzt, dass du gut gehen kannst, ich mag dich hier nicht mehr festhalten."

Ich glaube, es war kurz vor dem Tod der Oma, dass sie bei mir angerufen hat, und meinte, sie möchte nicht, dass ihre Oma so sehr leidet. Da hat sie sich einfach auf einer anderen Ebene von ihrer Oma verabschiedet, damit sie leichter gehen kann.

Bei anderen Menschen gibt es natürlich auch den Fall, dass sich die Oma nicht gut hat verabschieden können. Da kann man dann mit dem Kunden schauen: Was braucht die Oma noch?

Da gibt das Feld dann eine Empfehlung, zum Beispiel die Oma würde noch gerne hören, dass sie immer aufgepasst hat und ihren Job als Oma gut gemacht hat. Wenn die Oma das nicht gemacht hat, dann kann die Kundin ihr das auch sagen, zum Beispiel: „Ich hätte mir gewünscht, du hättest weniger gearbeitet und dir mehr Zeit nehmen können, dann hätten wir als Enkelkinder mehr von dir gehabt." Auch das kann man sagen: Das hätte ich mir gewünscht, es war halt nicht so, aber es ist einmal ausgesprochen. Es geht ja immer um die Person, die da ist und die fragt. Es geht darum, dass es der anfragenden Person dann besser geht.

Das Ziel vom Morphischen Feld Lesen und auch von Familienstellen mit schamanischer Integration ist, negative Einflüsse aus der Ahnenlinie, die auf einen wirken, abzugeben. Man sagt: Das hat in meinem Leben nichts mehr verloren, das nimmst du bitte mit.

Haben Sie Fragen?

Scheuen Sie sich nicht mir diese zu stellen!

Tel.: 0043 664 5016317

Mail: info@johanna-kanzian.at

feel-wood-Training in der Gruppe zur Stärkung der morphischen Intuition

Vier Tage in der Natur, fernab von Alltag und Stress – das ist der ideale Rahmen für das feel-wood-Training. Naturnahe Tage für mehr Gesundheit und Lebensfreude und die großen Fragen:

Wohin geht mein Lebensweg?

Was macht mir Freude im Leben?

Eine kleine Gruppe von bis zu 8 Personen widmet sich in diesen Tagen der Stärkung der körperlichen und mentalen Lebenskraft sowie der morphischen Intuition. Zurück zur Natur mit digitalem Detox (handyfreie Zeit) und mit Waldbaden (Shinrin Yoku).

Es erwartet Sie beim feel-wood-Training zur Stärkung der morphischen Intuition:

- Fühlen der morphischen Intuition und Intelligenz (FMI)
- MFL® Morphisches Feld Lesen bzw. Reading in der Akasha Chronik
- Waldbaden in Kombination mit Kraftliedern und Healing Songs
- Mentaltraining (Analyse und Auflösung von blockierenden Denkmustern, persönliches Coaching)
- Visionssuche und Infos aus dem morphischen Feld
- Bewegung in frischer Luft und in der Natur (das Immunsystem stärken)
- Essen mit Freude am Genuss – bewusst genießen und bewusst ernähren (Methode 8/16), Übersäuerung auf einfache und natürliche Art regeln
- Mit gezielter Entspannung die innere Stimme wiederentdecken, der eigenen Intuition wieder Gehör schenken und die energetische Signatur optimieren
- die Wirkung individueller Phonophorese (Tonpunktur – intuitiv und an spezifischen Akupunkturpunkten) kennenlernen
- Brotbackkurs (biologisches Vollkornbrot)
- gesunde Verpflegung (Slowfood-Biofrühstück und regionales, saisonales Slowfood-Mittagessen)

- Gesundheitsförderndes Singen von Kraftliedern und Healing Songs in der Natur und am Lagerfeuer
- gemütliches Beisammensein am Lagerfeuer

Das feel-wood-Training in diesen Intensivtagen ist ein kleiner Schritt zu natürlichem Leben und ein großer Schritt in Richtung Gesundheit und Wohlbefinden und Freude im Leben.

feel-wood
Unzufriedenheit entsteht häufig dadurch, dass wir all das nicht besonders wertschätzen, was uns das Leben jeden Tag schenkt. Da wir es nicht anders kennen, haben wir uns oft daran gewöhnt. Danke täglich dafür, dass du leben, lieben, fühlen, denken und dich innerlich entwickeln kannst und darfst.
Aufs Leben!

Nach den Intensivtagen

Es ist nicht getan mit einmal Training im Jahr. Besser ist es, den Weg im Alltag weiterzugehen, den man mit den Schritten in den Intensivtagen begonnen hat.

Wenn man sich zum Beispiel einmal im Monat Zeit nimmt, haben wir dafür ein Heft, in das wir schreiben: Was ist mir gut gelungen? Wofür bin ich dankbar? Was habe ich schon erreicht?

Es ist nicht viel Aufwand, sich einmal im Monat ein wenig Zeit dafür zu nehmen. Man möchte es nicht glauben, aber es ist nicht einfach, sich diese wenige Zeit tatsächlich zu nehmen. Eine Möglichkeit sich zu motivieren oder sich daran zu erinnern ist, sich bestimmte Anker zu setzen, zum Beispiel den Vollmond oder den Neumond und sich dann hinzusetzen, das Heft aufzuschlagen und niederzuschreiben: Was ist mir gut gelungen? Wofür bin ich dankbar? Was habe ich schon erreicht? So kann man die Ziele, die man damals auf der Alm, im Wald, in der Natur für sich erkannt hat, reflektieren.

PRAXIS: Was ist mir gelungen?

Wenn ich auf die letzten Wochen zurückblicke:

Was ist mir gut gelungen? ....

....

....

Wofür bin ich dankbar? ....

....

....

Was habe ich schon erreicht? ....

....

....

feel-wood-Training Impressionen

feel-wood und das „Feld mit den vielen Namen“

Die Welt, Freund Govinda, ist nicht unvollkommen, oder auf einem langsamen Weg zur Vollkommenheit begriffen: nein, sie ist in jedem Augenblick vollkommen.

Hermann Hesse, Siddharta

Morphisches Feld, Nullpunktfeld, wissendes Feld, Matrix, Quantenfeld, Akasha-Chronik, Bewusstseinsfeld ...

Noch vor ca. hundert Jahren tat man Leute, die ein Gespür für feinstoffliche Energien hatten, als Spinner oder Magier ab. Die klassische Physik befasste sich mit der „grobstofflichen" Welt, also nur mit physikalischen Teilchen und messbaren Energien.

Die Forschungsarbeiten von namhaften Mathematikern und Physikern wie Albert Einstein zur Struktur von Raum und Zeit oder Niels Bohr zur Struktur der Atome eröffneten den Blick auf ein völlig neues Weltbild und neue Sichtweisen. Die Entdeckung der Quanten als nicht sichtbare Massen war revolutionär. Berechnungen Einsteins führten ihn zur Erkenntnis, dass Licht nicht nur aus Wellen besteht, sondern dass auch Masseteilchen (Photonen) mit im Spiel sein müssten.

Wir sind vollkommen von Quanten umgeben, die nicht sichtbar sind und nicht den Gesetzen der klassischen Physik folgen. Die Forschungen in diesem Bereich eröffnen immer neue Aspekte und Möglichkeiten. So sind auch die Bemühungen, aus dem „Nichts" Energie zu gewinnen, durchaus schon weit gediehen (siehe das Buch „Freie Energie" von Jeane Manning).

Eine weitere Entdeckung waren die so genannten „verschränkten" Photonen, die wie eine Einheit an verschiedenen, auch weit voneinander entfernten Orten reagierten. Und das absolut gleichzeitig, als würde eine direkte Verbindung schneller als Lichtgeschwindigkeit bestehen. Einstein tat dies als „spukhafte Fernwirkung" ab, denn es widersprach seiner Relativitätstheorie. Erst im Jahre 2016 kam man einem praktischen Beweis mit dem „BIG Bell Test" durch Forscher auf fünf Kontinenten näher.

Fest steht jedenfalls, dass Quanten und Photonen existieren.

Die Existenz dieser feinstofflichen Energien brachte 1981 Rupert Sheldrake, britischer Biologe und Autor, auf den Gedanken, dass diese uns umgebenden Quantenfelder auch Wirkung auf alle Individuen, aber auch auf jede Materie haben. Er stellte die Hypothese auf, nach der sogenannte morphische Felder existieren, welche die Entwicklung von Strukturen beeinflussen. Diese Felder enthalten Informationen des gesamten Umfeldes. Er erforschte die Vielschichtigkeit morphologischer

Einflüsse auf alles Leben und sah die morphischen Felder als Basis für permanenten Informationsaustausch und Wandel.

Auch andere Forscher und Experten kamen zu ähnlichen Ergebnissen, verwenden aber andere Namen zu ähnlichen Themen:

Dr. Joe Dispenza spricht vom „Unified Field".

Dr. Bruce Lipton nennt es das „Quantenfeld".

Bei Dr. Gregg Braden heißt es „Matrix".

Bei Rudolf Steiner findet sich „Akasha-Chronik".

Beim Familienstellen wird häufig der Begriff „Wissendes Feld" verwendet.

Dr. Ewald Töth, ein österreichischer Arzt und Leiter der Wissenschaftlichen Gesellschaft für Quantenmedizin und Bewusstseinsforschung, spricht von einem „Morphokybernetischen Feld". In der Fachzeitschrift „Pulsar" schreibt er: „Morphische Felder können von unserem Bewusstsein gesteuert werden. Es handelt sich um ein Feld mit der Eigenschaft der 5. Dimension. Es wirkt über die Polarität hinaus. Es wirkt in die Zeit und den Raum hinein und unbegrenzt über die Zeit und den Raum hinaus." Überdies spricht er auch von „Lichtquanten" und setzt sie bei seinen Naturheilmitteln ein.

Verschiedene Experten kamen also zu ähnlichen Ergebnissen, verwendeten aber unterschiedliche Bezeichnungen für ein und dasselbe Phänomen: Feinstoffliche Energiefelder umgeben uns und verbinden über Raum und Zeit hinaus alle lebende und tote Materie, aber auch geistige Energien wie Gedanken, Wünsche, Ängste und dergleichen.

Kurt Zyprian Hörmann entwickelte die Methode MFL® Morphisches Feld Lesen. Diese Methode ermöglicht es, Zugang zu dem uns umgebenden (morphischen) Feld zu erhalten. Damit soll unser Verständnis von Situationen und von uns selbst erleichtert werden. Aus diesem morphischen Feld erfahren wir über Hintergründe, die uns im normalen Bewusstsein verborgen bleiben, und können auch Lösungsvorschläge oder Handlungswege erfragen.

Es gibt also viele Theorien, die besagen, dass Informationen in einem energetischen Feld gespeichert sind. Dieses Feld können wir sozusagen „anzapfen" und Informationen erhalten – zu allen Themen, die uns im Leben bewegen. Die Antworten kommen in Form von Bildern, Wissen, Filmen, Worten und Empfindungen.

Fühlen der morphischen Intuition und Intelligenz (FMI)

Mit dem feel-wood-Training kann jeder Zugang zum wissenden Feld erlangen. Man erlernt damit das Fühlen der morphischen Intuition und Intelligenz (FMI). Wir lernen, auf unser Bauchgefühl wieder mehr zu hören. Sie erkennen, was richtig für Sie selbst ist und Sie fühlen, was Ihrer Wahrheit entspricht. Mit dem feel-wood-Training können Sie Fragen beantworten, die Sie gerade beschäftigen, zum Beispiel:

- Was kann ich tun, um leichter durchs Leben zu gehen?
- Was ist meine Berufung?
- Wie schauen meine nächsten beruflichen und privaten Entwicklungsschritte aus?

Das morphogenetische Feld nimmt uns keine Verantwortung ab, es liefert uns Informationen, damit wir leichter entscheiden und richtig handeln können. Es antwortet immer wertschätzend. Die Informationen aus dem morphischen Feld sind immer zum Wohle für alle Beteiligten, berichtet auch Kurt Zyprian Hörmann, der Entwickler der Methode MFL® Morphisches Feld Lesen.

Welche Fragen können bei einem Reading im Feld gestellt werden?

Man kann das morphische Feld alles fragen, was einen gerade beschäftigt im Leben und mit der eigenen Person zu tun hat. Im vorigen Kapitel finden Sie im Punkt „PRAXIS: Beispielfragen für Lesungen im morphischen Feld" eine kleine Auswahl an möglichen Fragen.

Das morphische Feld befindet sich außerhalb von Raum und Zeit und deshalb ist es möglich, in alle Räume und Zeiten zu gehen. In der Vergangenheit zu lesen ist leichter, da diese bereits geschrieben wurde. Die Zukunft ist ungeschrieben. In der Zukunft kann man lesen, was aus heutiger Sicht am wahrscheinlichsten eintreten wird. Man kann zum Beispiel im Feld lesen, über welches Geburtstagsgeschenk sich eine Person freuen würde.

Wichtig ist, dass man das morphogenetische Feld (das wissende Feld) nicht mit Hellsehen verwechselt. Beispielsweise funktioniert es nur eingeschränkt, Lottozahlen zu lesen. Es gibt weltweit so viele Wünsche und Hoffnungen gleichzeitig zu den Lottozahlen. Die Zahlen wären erst dann im Feld abrufbar, wenn sie gezogen wurden und tatsächlich vorliegen.

Mit Hilfe des morphischen Feldes können nicht nur Menschen, sondern auch Tiere, Pflanzen, Häuser, Firmen und Organisationen gelesen werden. Auch beim Familienstellen mit schamanischer Integration bedient man sich dieser Information aus dem morphischen Feld.

Ablauf und Rahmenbedingungen bei den Readings

Sie möchten eintauchen in die Welt des Unterbewusstseins und im Feld Antworten erfragen? Dann rufen Sie an und stellen Ihre Fragen. Ich verbinde mich mit dem Feld und gebe die gestellten Fragen weiter. Alle Antworten, die kommen, werden ausgesprochen. Die Informationen können in Form von Bildern, Wissen, Gefühlen, Filmen oder Worten kommen. Am Ende lässt der Leser alle Worte, Bilder und Empfindungen wieder los, lässt die Energie abfließen und kommt wieder ganz im Hier und Jetzt an.

Kann das Lesen im Feld jeder erlernen?

Jeder kann das Reading lernen. Es gibt einige Kurse dazu oder bei der Aufstellungsarbeit mit schamanischer Integration passiert der Zugang automatisch über die Rolle, die man gerade als Darsteller zugeteilt bekommen hat. Unter anderem kann man den Zugang zum Feld auch über das feel-wood-Training erhalten.

Zu Beginn kann das Lesen etwas anstrengend sein, aber mit der Zeit bekommt man Übung und es fällt leicht, die Informationen abzurufen. Das Feld antwortet immer explizit auf die gestellte Frage, nicht auf eine dahinterliegende Absicht. Die Information aus dem Feld ist immer eine Momentaufnahme. Falls das Feld keine Antworten mehr gibt, dann genügen die Antworten momentan für diese Lesung oder die Information wurde noch nicht freigegeben.

PRAXIS: Wie steige ich in das Feld ein und beantworte die Fragen einer Person?

Fühlen der morphischen Intuition und Intelligenz (FMI):

- Machen Sie es sich bequem und gehen Sie jetzt mit Ihrer Aufmerksamkeit zu Ihrem Atem. Schließen Sie die Augen. Atmen Sie tief ein und aus, bis Sie ganz entspannt sind und sich wohl fühlen.
- Laden Sie Ihre geistigen Helfer, Ahnen, Schutzengel und Krafttiere ein und bitten Sie um deren Unterstützung.
- Verbinden Sie sich mit dem Kosmos und der Erde. Sie sind nun der Kanal, durch den die Informationen abgerufen werden.
- Stellen Sie jetzt die Einstiegsfrage von der zu lesenden Person laut ans Feld und sprechen Sie alles aus, was kommt. Die zu lesende Person stellt weitere Fragen, die Sie laut ans Feld stellen.
- Abschließen der Sitzung: Gibt es abschließend noch eine wichtige Information zu diesem Thema?
- Steigen Sie aus dem Feld aus und lassen Sie Ihr Bewusstsein wieder einströmen. Bedanken Sie sich für die Arbeit bei den geistigen Helfern, Ahnen, Engeln und Schutzengeln. Öffnen Sie Ihre Augen und kommen Sie wieder ganz im Hier und Jetzt an.

Was sind geistige Helfer?

Je nach Kulturkreis und persönlichem Glauben können geistigen Helfern unterschiedliche Gestalten oder Charakterzüge zugewiesen werden. Im christlichen Glauben gibt es hier die Entsprechungen in den Engeln und Schutzpatronen. Der heilige Hubertus wird üblicherweise noch heute vor jeder Jagd angerufen, um das Jagdglück positiv zu beeinflussen.

In den alten Religionen ist dies noch stärker ausgeprägt, waren die Menschen früher doch mehr mit der Natur verbunden und konfrontiert. Die Griechen und Römer hatten für die meisten Ereignisse des Lebens-

und Jahresablaufs eigene Götter, die sogenannten Heiden sahen in jedem Stück Natur ein höheres Wesen. Ganz ähnlich die Ureinwohner Amerikas, die Indianer.

Nach wie vor gegenwärtig, auch in der heutigen Zeit, sind die „geistigen Helfer" der Künstler, die Musen – im alten Griechenland die Göttinnen der Künste. Noch heute sagt man von einem Künstler, der ein geniales Werk schuf: „Ihn hat die Muse geküsst!"

Jeder Mensch beschreibt deshalb seine geistigen Helfer unterschiedlich und deutet auch ihre Botschaften auf individuelle Weise.

Wird von geistigen Helfern gesprochen, werden daher meist Engel, aufgestiegene Meister, Geistführer, Ahnen, Krafttiere, Feen, Bäume und Naturgeister gemeint, je nachdem mit wem oder was sich die Einzelperson identifiziert.

Sie möchten
das Fühlen der morphischen Intuition und Intelligenz (FMI) erlernen?

Kontaktieren Sie mich!

Tel.: 0043 664 5016317

Mail: info@johanna-kanzian.at

feel-wood
Schaffe dir Räume zum Atmen,
wenn du zu den gestressten Personen gehörst.
Nimm dir an einem Tag der kommenden Woche
einmal gar nichts vor und lass dich treiben.
Geh z.B. spazieren ohne Ziel
und lass dich überraschen was passiert.
Welche Botschaften kannst du wahrnehmen?
Aufs Leben!

MFL® Herzintegration nach Kurt Zyprian Hörmann

Manchmal verdrängen wir unsere Ängste und unangenehmen Gefühle. Muster, Glaubenssätze, Gewohnheiten und Überzeugungen.

Bei der MFL® Herzintegration werden all diese Anteile nicht mehr ausgegrenzt, sondern angenommen. Dazu bleibt man in der Beobachterposition, um handlungsfähig zu bleiben, ohne in Dramen oder heftige Emotionen einzusteigen. Es genügt, die Themen anzuschauen und zu würdigen, um sie mit der Herzintegration in eine neue Ordnung und Balance zu bringen. Indem man diese Anteile als wichtige Teile anerkennt und integriert, spürt man sofort Befreiung und inneren Frieden. Man wird dadurch zum Schöpfer.

PRAXIS: Einfache Schritte der Herzintegration

1. Ich sehe <<THEMA>> und gleichzeitig bin ich in Liebe und ich korrigiere
2. Ich segne <<THEMA>> und gleichzeitig bin ich in Liebe und ich korrigiere
3. Ich nehme <<THEMA>> dankbar an und vergebe mir
4. Ich gebe <<THEMA>> einen Platz in meinem Herzen zur Heilung und Transformation
5. Hier und jetzt entlasse ich mich aus <<THEMA>> plus positiver Verstärker für die Zukunft

Ein tiefer Atemzug schließt die Herzintegration ab.

Genauso kann man positive Eigenschaften, Talente, Potenziale durch die Integration stabilisieren und verstärken:

1. Ich sehe (fühle, höre, schmecke, spüre) <<THEMA>> und gleichzeitig bin ich in Liebe und ich bestärke
2. Ich segne <<THEMA>> und gleichzeitig bin ich in Liebe und ich bestärke
3. Ich nehme <<THEMA>> dankbar an und ich freue mich darüber
4. Ich gebe <<THEMA>> einen Platz in meinem Herzen zum Wachsen und Blühen
5. Positiver Verstärker für die Zukunft

Ein tiefer Atemzug schließt die Herzintegration ab.

Aufstellungsarbeit mit schamanischer Integration

Ziel einer Aufstellungsarbeit mit schamanischer Integration ist, Unbewusstes zu erkennen, zu verändern, aufzulösen und zu transformieren. Es kann sich um unbewusste Probleme, Blockaden, Ängste, Ziele, Körpersymptome handeln, die man mit sogenannten Stellvertretern sichtbar machen kann. Abgespaltene Seelenanteile werden zurückgeholt und Seelenanteile, die nicht zur Person gehören, werden abgegeben. Außerdem kann die Aufstellung Ressourcen aktivieren und sie führt hin zu mehr Eigenverantwortung und in die eigene Mitte.

Aufstellungsarbeit mit schamanischer Integration ist ein wirkungsvolles Instrument zur Lebensklärung und Zielorientierung. Sie bringt Licht in Unbewusstes, bringt mehr Klarheit, bietet Lösungs- und Entscheidungshilfen in allen Lebenslagen.

Es ist eine Form der Energiearbeit. Es wird mit dem Phänomen der Stellvertreterwahrnehmung gearbeitet. Diese Arbeit basiert auf den von Rupert Sheldrake beschriebenen morphogenetischen Feldern. Diese Felder beschreiben, dass wir energetisch miteinander verbunden sind.

Durch Aufstellungen kommt mehr Bewusstsein in unbewusste Problemursachen und so können unglückliche Beziehungen, Lebensläufe, schwere Schicksale oder Krankheiten für die aufgestellte Person verständlicher werden. Es wird beispielsweise sichtbar, wie Familienmitglieder miteinander verbunden sind. Oft spiegeln Kinder die Probleme ihrer Eltern oder tragen sogar Probleme über Generationen hinweg weiter.

Es gibt unterschiedliche Formen der Aufstellung:

- **Personenaufstellung:** Hier fungieren als Stellvertreter Personen, die sich für die Dauer einer Aufstellung bereiterklären, eine bestimmte Rolle einzunehmen. Aufstellungsarbeit in der Gruppe ist meistens unter dem Begriff Familienstellen bekannt. Im Mentalatelier feelgood wird Aufstellungsarbeit mit schamanischer Integration angewendet. Das bedeutet, dass geistige Helfer zu Rate gezogen werden und Krafttiere die Arbeit unterstützen.
- **Bodenanker bzw. Zettelaufstellung:** Hierbei werden Zettel mit Bezeichnungen als Stellvertreter auf den Boden gelegt. Die Zettelaufstellung ist ein einfaches und wirksames Werkzeug, um Verborgenes sichtbar zu machen. Entscheidungen sind sehr vielschichtig. Wenn alle Vor- und Nachteile abgewogen sind und die Plus-Minus-Liste nicht weiterhilft, schenkt eine Entscheidungsaufstellung Einsichten in bisher Verborgenes. Sie zeigt, welche Optionen uns beleben, entspannen, uns Freude machen oder beklemmen und beschweren.

PRAXIS: Zettelaufstellung

- Schreiben Sie je eine Entscheidungsoption auf jeweils ein Blatt Papier.
- Drehen Sie das Blatt um, sodass man nicht mehr erkennen kann, was darauf steht.

- Mischen Sie die Blätter und legen Sie sie auf den Boden.
- Steigen Sie abwechselnd auf je einen Zettel und nehmen Sie wahr:

  Wie stehe ich?

  Was nehme ich wahr?

  Was fühle ich?

  Was kommt mir in den Sinn?
- Notieren Sie diese Wahrnehmungen und decken Sie erst zum Schluss alle Zettel gemeinsam auf. Unser Körper kann uns wertvolle Informationen geben, wenn man sich offen auf dieses Experiment einlässt:

  - ob wir gestärkt oder wackelig stehen
  - ob wir uns kraftvoll fühlen oder uns eingeengt fühlen
  - ob wir frei atmen können oder Druck auf der Brust fühlen
  - ob es uns gut geht, oder es uns in diesem Moment schlecht geht

Diese Informationen sind für die Entscheidung sehr hilfreich und geben Hinweise, die man sonst nur schwer erhält.

Man kann sich bei dieser Übung auch helfen lassen, indem man eine Person des Vertrauens bittet, beim Stehen und Hineinspüren zuzusehen und mitzuschreiben. Dann erhält man zusätzliche Informationen, indem man eine Rückmeldung über die eigene Körperhaltung und die Körpersprache bekommt. Man kann auch eigens ausgebildete Personen aufsuchen, die einem bei der Interpretation der Ergebnisse helfen können. Hierbei können dann gleichzeitig auch Glaubenssätze und Verstrickungen transformiert werden.

Sie möchten bei einer Zettelaufstellung begleitet werden?

Kontaktieren Sie mich!

Tel.: 0043 664 5016317

Mail: info@johanna-kanzian.at

Selbstwahrnehmung im morphischen Feld

Das feel-wood-Training und das Fühlen der morphischen Intuition und Intelligenz (FMI) verbindet Elemente aus unterschiedlichen Bereichen:

- MFL® Morphisches Feld Lesen bzw. Reading in der Akasha Chronik
- Waldbaden in Kombination mit Kraftliedern und Healing Songs
- Mentaltraining (Analyse und Auflösung von blockierenden Denkmustern, persönliches Coaching)
- Visionssuche

Alle Elemente, die beim feel-wood-Training zum Einsatz kommen, sensibilisieren und stärken die eigene Wahrnehmung. Informationen aus dem Feld helfen dabei, sich selbst besser wahrzunehmen und mehr Wohlbefinden zu entwickeln.

feel-wood
Mach einen Spaziergang im Wald,
nimm den Zauber der Natur auf und
trag ein Melodie auf den Lippen.
Damit kräftigst du Körper und Psyche.
Das ist in diesen Zeiten besonders wertvoll!
Aufs Leben!

feel-wood und das Waldbaden

So wenig als möglich sitzen; keinem Gedanken Glauben schenken, der nicht im Freien geboren ist und bei freier Bewegung, in dem nicht auch die Muskeln ein Fest feiern!

Friedrich Nietzsche

Gesundheitszentrum Wald

Unter Waldbaden versteht man das bewusste Verweilen im Wald – um sich zu erholen und das Immunsystem zu stärken bzw. Stress abzubauen. Der Begriff SHINRIN YOKU, zu Deutsch „Waldbaden“, stammt aus dem Japanischen. Die Wirkung des achtsamen Spazierens im Wald ist vielen von uns aus eigener Erfahrung bekannt. Bei diesen Aktivitäten zählt nicht die Kilometerleistung und es gibt auch kein spezielles Ziel.

Rein intuitiv fühlt sich ein Aufenthalt im Wald angenehm an. Deshalb gilt: so oft wie möglich in den Wald spazieren. Der Biologe Clemens Arvay sammelte internationale Forschungsergebnisse zur Wirkung des Waldes auf unsere Gesundheit. Er ist überzeugt: „Der Wald hilft uns gegen Depressionen, gegen psychische Stressbelastungen und Burnout.“

Bei einem Waldspaziergang atmen wir Stoffe ein, mit denen Pflanzen untereinander Botschaften austauschen – sogenannte Terpene. Sie stärken unser Immunsystem. In Japan sind Waldbesuche sogar seit Jahren Teil der staatlichen Gesundheitsvorsorge. An japanischen Universitäten existiert ein eigener Forschungszweig für „Waldmedizin“.

Auch in China wurden schon vor 2000 Jahren Qi-Gong-Übungen im Wald gemacht, um das Qi des Waldes in sich aufzunehmen. Dort ist das Waldbaden unter dem Begriff „senlinyu“ bekannt und könnte somit auch als der Ursprung des Waldbadens bezeichnet werden.

Fast die Hälfte Europas ist mit Wäldern bedeckt. Die Vielfalt an unterschiedlichen Baumarten ist groß. Schnell findet man im Wald Entspannung. Die Vögel zwitschern, die Natur schimmert in ihren Farben und die eigenen Schritte werden plötzlich achtsamer. Puls und Herzschlag werden ruhig und negative Gedanken verschwinden.

Auch bei uns interessieren sich immer mehr Menschen für die heilende Kraft des Waldes. Der Biologe Clemens Arvay beschreibt in seinem Buch „Der Biophilia-Effekt“ mit wissenschaftlich belegten Studien die positive Wirkung des Waldes und erklärt, warum das Waldbaden überhaupt wirkt: „Im Wald kommunizieren Pflanzen untereinander. Sie schütten sogenannte Terpene aus und geben sie an die Luft ab. So warnen sie andere Pflanzen vor Angreifern oder Schädlingen, die daraufhin ihr Immunsystem hochfahren, um sich zu schützen.“ Forscher der Nippon Medical School in Tokio haben zudem herausgefunden, dass auch Menschen diese Signale empfangen und unser Immunsystem dadurch aktiviert wird. Terpene stärken die Abwehrkraft des Menschen, aktivieren Selbstheilungskräfte und helfen bei Depressionen.

Eine besonders positive Wirkung hat die reine Waldluft auf die Atemwege. Die Wirkung kann durch bewusstes und achtsames Bewegen im Wald noch verstärkt werden. Achten Sie z. B. auf den Duft des Waldbodens, das Rauschen des Windes in den Zweigen, den Ruf der Vögel und die verschiedenen Farben. Tiefes Atmen entspannt, entschleunigt und beruhigt.

feel-wood
Fühle den Wald, nütze die Kraft!
Stärke deine morphische Intuition
und deine morphische Intelligenz.
Aufs Leben!

Tipps für den achtsamen Waldspaziergang (Waldbaden)

- Nicht die Kilometerleistung zählt, sondern das gute Gefühl für Körper und Psyche
- Handy auf Flugmodus stellen
- Wenn man mit anderen in den Wald geht – ein Stück schweigend verbringen könnte eine neue Erfahrung sein

- Bewusstes, gemütliches Gehen (Wie fühlt sich der Waldboden an? Welchen Duft kann ich erkennen? Rauscht der Wind in den Zweigen? Höre ich Vögel zwitschern?)
- Sorgen/Ängste bei einem großen Stein oder einem großen Baum im Wald symbolisch „abladen" (die Absicht könnte sein: Ich gebe meine Angst vor ...[THEMA]... ab und kann heute beruhigt einschlafen.)
- Beunruhigung der Wildtiere und Waldbeschädigungen unbedingt vermeiden

PRAXIS: Waldbaden-Schatzsuche

Lassen Sie sich vom Wald inspirieren, von der Natur, die Sie umgibt. Nehmen Sie das nächste Mal, wenn Sie in den Wald gehen, dieses Buch und einen Stift mit und begeben Sie sich mit den folgenden Fragen auf innere Schatzsuche.

Eine Aufgabe, die Sie erfüllt

Erinnern Sie sich an eine Zeit, in der Sie eine sinnvolle oder erfüllende Tätigkeit bzw. Aufgabe hatten. Was war das, entweder als Hobby oder als Beruf? Was hat Sie motiviert?

....

....

....

Was war Ihr Traumberuf schon in der Kindheit oder Jugend? Was wollten Sie früher einmal werden?

....

....

....

Positive Erfahrungen in Ihrem Leben

Während Ihres bisherigen Lebens haben Sie wahrscheinlich Höhen und Tiefen erlebt. Was war ein echtes Highlight in Ihrem Leben (beruflich oder privat)? Eine Zeit, in der Sie besonders begeistert waren?

....

....

....

Lassen Sie uns dieses Highlight genauer betrachten: Was war Ihr persönlicher Beitrag dazu? Wie haben Sie das geschafft?

....

....

....

Was können Sie aus diesen Erfahrungen in die Zukunft mitnehmen?

....

....

....

Ver-rücktheiten in Ihrem Leben

Was wollten Sie schon immer gerne tun, haben es aber nicht getan (Beruf, Privatleben, Freizeit)? Nennen Sie spontan 2 Dinge:

1. ....

2. ....

Angst und Reiz

Gibt es etwas, wenn Sie in Ihre mögliche Zukunft blicken, wovor Sie Angst haben? Wo Sie aber gleichzeitig spüren, dass es auch einen Reiz auf Sie ausübt?

....

....

....

....

Wunder und Traumprojekt

Stellen Sie sich vor, über Nacht ist ein Wunder geschehen, Sie wachen morgens auf und sind in einer absolut traumhaften Zukunft, Ihre Arbeit, Ihr Privatleben, Sie selbst, alles ist genauso, wie Sie es sich vielleicht nicht einmal in Ihren kühnsten Träumen vorgestellt haben. Was können Sie wahrnehmen? Schildern Sie dieses Wunder vor Ihrem geistigen Auge. Beschreiben Sie nicht eine vielleicht etwas bessere Realität, beschreiben Sie wirklich IHR Wunder und Ihr Traumprojekt:

....

....

....

....

....

Was würden Sie beginnen, wenn Sie wüssten, Zeit und Geld spielen keine Rolle und es wird erfolgreich – es gelingt Ihnen ganz sicher!

....

....

....

....

Ihre Aufgabe in der Welt

Wann ist Ihnen der Sinn Ihres Lebens bisher schon einmal bewusst geworden? Oder zumindest in Ansätzen bewusst geworden? Wie war das genau: Wie? Wo? Wodurch?

....

....

....

....

....

feel-wood
Schaffst du dir Freiräume
oder verplanst du deine Tage?
Manche Menschen leben ihr Leben nicht,
sondern verplanen es und sind dann
Gefangene ihrer Pläne und Ziele.
Nimm dir Zeit für dich.
Aufs Leben!

Der Lohn regelmäßiger Bewegung im Wald

Für folgende Punkte ist Bewegung im Wald förderlich:

- Energieumsatz steigt
- Begünstigt Muskelaufbau bzw. Muskelerhalt
- Hilft, das Körpergewicht zu halten bzw. unterstützt beim Abnehmen
- Stärkt das Herz-Kreislauf-System
- Verbessert die Ausdauerleistung
- Fettstoffwechsel und Blutfettwerte verbessern sich
- Insulin- und Blutzuckerspiegel verbessern sich
- Förderung der Knochendichte
- Beweglichkeit und Belastbarkeit der Gelenke nimmt zu
- Immunabwehr verbessert sich
- Gehirnfunktion und Gehirndurchblutung verbessern sich
- Neubildung von Nervenzellen wird angeregt
- Hebt die Stimmung, wirkt antidepressiv
- Fördert Körperbewusstsein und Körperwahrnehmung
- Verbessert die Sauerstoffversorgung der Zellen und damit die Organfunktion
- Unterstützt den Darm
- Regelmäßige Bewegung beugt so gut wie allen Zivilisationskrankheiten vor
- Bessere Schlafqualität

In den Wald zu gehen, die Natur auf sich wirken zu lassen, die Gedanken schweifen zu lassen und die Ruhe der Natur zu genießen – das ist in Zeiten der ständigen Erreichbarkeit fast ein Luxus.

feel-wood-Waldbaden Impressionen

feel-wood und Heilsames Singen

Glück obliegt der Obsorge des Augenblicks.

Dr. Alfons Reiter

Healing Songs und Kraftlieder als Lebenselixier

Musik, also harmonische Klänge, hat auf unser Leben stärkeren Einfluss als bisher angenommen. Insbesondere Singen hat einen positiven Einfluss auf unser Wohlbefinden und auf unsere Gesundheit. Der Musikpsychologe Karl Adamek fasste nach vielen Studien, in denen Sänger mit Nichtsängern verglichen wurden, zusammen: „Singen macht gesund, glücklich, schlau und sexy."

Aktives Singen hat heilsame und gesundheitsfördernde Auswirkungen auf Körper, Seele und Geist:

- Singen macht glücklich
- Singen hebt die Stimmung
- Singen stärkt die Atmung und das Immunsystem
- Singen aktiviert die Selbstheilungskräfte
- Singen stärkt das Selbstbewusstsein und den Selbstwert
- Singen schafft Verbundenheit und fördert soziale Netzwerke
- Singen ermöglicht Erfahrungen von Flow
- Singen verringert Stress

Dabei zeigen sich diese gesundheitsfördernden Effekte umso stärker, je mehr wir aus Freude und Spaß singen. Bei feel-wood-Aktivitäten singen wir ohne Zwang und ohne kritische Kommentare.

„Singen ist Medizin" lautet die Devise

Neuerdings findet man in Gesundheitsseiten von Zeitungen, Magazinen und online viele Beiträge rund um das Thema: „Singen ist Medizin", „Singende Krankenhäuser", „Heilsames Singen" und Ähnliches. Aber die positive Wirkung von Musik und Singen ist schon seit Urzeiten bekannt.

„Wo man singt, da lass dich ruhig nieder" wird dem Dichter Johann Gottfried Seume (1763 - 1810) zugeschrieben. Auch aus dem Altertum weiß man von der Bedeutung des Gesanges. Im alten Rom kannte man saisonale Schlager, aber auch zeitlose traditionelle Volkslieder. Oft verbanden sich diese mit handwerklicher oder bäuerlicher Arbeit. Von den Ureinwohnern Amerikas bis zu den Naturvölkern Afrikas sind rituelle Gesänge bekannt, denen heilende Wirkung zugesprochen wird. Welche Wirkung Gesang haben kann, wissen auch Mütter, die ihre Kinder in den Schlaf singen.

„Jeder Mensch ist musikalisch. Leider wird in westlichen Gesellschaften Musik sehr mit Leistungsdenken verknüpft und viele Menschen trauen sich nicht mehr, ihre Stimme zu erheben. Hinzu kommen oft beschämende Erfahrungen beim Singen, wie etwa Vorsingen in der Schule unter Zwang oder kritische Kommentare", berichtet Wolfgang Bossinger, Musiktherapeut und Vorreiter in der Bewegung Singende Krankenhäuser und Heilsames Singen. Gemeinsam mit der Sängerin und Leiterin der Akademie für Singen und Gesundheit, Katharina Bossinger, wurden viele Singgruppen ins Leben gerufen und es werden Ausbildungen angeboten.

Zu den Singgruppen sind sowohl Amateursängerinnen und -sänger sowie auch Fortgeschrittene eingeladen. Gesungen werden wohltuende und einfache, heilsame Lieder und Kraftlieder aus allen Kulturen der Welt. Es geht darum, Freude, Verbundenheit und die gesundheitsfördernde Wirkung des heilsamen Singens zu erleben. Die Lieder sind leicht erlernbar und werden durch Vor- und Nachsingen erlernt.

Auch in Krankenhäusern hat man die gesundheitsfördernde Wirkung des Singens erkannt, diese sind am Zertifikat „Singende Krankenhäuser" erkennbar. Dabei werden unter Anleitung einfache, eingängige Melodien mit kurzen, prägnanten Texten in Gemeinschaft gesungen. Die Parameter Schwingungen, bewusste Atmung sowie das Gemeinschaftserlebnis haben auf das Befinden der Akteure eine positive Wirkung. Dazu kommt durch das öfter Wiederholen einer Strophe ein gewisser meditativer Charakter.

Laut einer Studie wird durch Singen um fast 80 Prozent mehr Noradrenalin ausgeschüttet. Noradrenalin ist ein Botenstoff, der zu mehr Aktivität und Leistung motiviert. Auch Beta-Endorphin, das „Glückshormon", wird durch Singen in höherer Dosis freigesetzt.

Singen fördert nach Ansicht von Prof. Dr. Gerald Hüther in jeder Lebensphase die Potenzialentfaltung des Gehirns.

Singen macht das Herz frei, denn beim Singen kommt es zu einer Aktivierung emotionaler Zentren und einer gleichzeitigen positiven Bewertung der dadurch ausgelösten Gefühle. So wird das Singen mit einem lustvollen, glücklichen, befreienden emotionalen Zustand verkoppelt.

Das gemeinsame, freie und lustvolle Singen führt zu sozialen Resonanzphänomenen. Die Erfahrung von „sozialer Resonanz“ ist eine der wichtigsten Ressourcen für die spätere Bereitschaft, gemeinsam mit anderen Menschen nach Lösungen für schwierige Probleme zu suchen.

Gemeinsames Singen aktiviert die Fähigkeit zur „Einstimmung“ auf die Anderen und schafft so eine emotional positiv besetzte Grundlage für den Erwerb sozialer Kompetenzen (Rücksichtnahme, Einfühlungsvermögen, Selbstdisziplin und Verantwortungsgefühl).

Singen macht froh und verbindet. Da das Singen am Anfang immer mit anderen und mit der dabei empfundenen positiven emotionalen Besetzung erfolgt, kommt es zu einer sehr komplexen Kopplung, die später im Leben, auch beim Singen ganz allein für sich, wieder wachgerufen wird.

Beim Singen kommt es individuell zu sehr komplexen Rückkopplungen zwischen erinnerten Mustern (Melodie, Tempo, Takt) und dem zum Singen erforderlichen Aufbau sensomotorischer Muster (Wahrnehmung und Korrektur der eigenen Stimme). Singen ist also ein ideales Training für Selbstreferenz, Selbstkontrolle, Selbststeuerung und Selbstkorrektur.

Zusätzliche, sich ebenfalls automatisch einstellende Nebeneffekte des Singens sind: Erleichterung von Integrationsprozessen (Migranten, Behinderte etc.), salutogenetische Wirkungen (Singen heilt Wunden), generationenübergreifende Wirkungen, Erleichterung des Spracherwerbs (Singtherapie bei Sprachentwicklungsstörungen), transgenerationale Weitergabe von Kulturleistungen (Volkslieder, Singtraditionen, etc.).

Waldsingen

Wer einen Waldspaziergang macht unterstützt das Immunsystem, wer unter der Dusche singt ebenfalls. Die Verbindung von „Waldbaden“ und „Heilsamen Singen“ könnte man auch als Waldsingen bezeichnen – und man erhält sogar die doppelten Vorteile.

Jeder kann singen, ob mit oder ohne Text oder nur mit einem leisen Summen: Wichtig ist eine tiefe, gleichmäßige Atmung und das Bewusstwerden der Schwingungen, die von Brust und Kopf ausgehend auf den ganzen Körper wirken. Aktives Singen mit seinen vielfältigen gesundheitsfördernden Wirkungen auf Körper, Geist und Seele ist ein Lebenselixier.

Bei den feel-wood-Singgruppen sind alle Singfreudigen willkommen. Das gemeinsame Singen ist sowohl für Amateursängerinnen und -sänger als auch Fortgeschrittene geeignet. Es macht Spaß, einfache Lieder und Melodien durch Vor- und Nachsingen zu erlernen. Vergessen Sie Stress und Leistung! Singen macht Freude und gibt ein wohltuendes Gefühl der Verbundenheit. Wir lernen und singen einfache Kreislieder, Mantren oder Chants, Lieder der Liebe oder der Erdverbundenheit. Manche haben meditativen oder spirituellen Charakter, andere sind einfach nur entspannend oder fröhlich. Bei gutem Wetter gehen wir dazu in den Wald, in der kalten Jahreszeit singen wir im gemütlichen Rahmen indoor.

Sie möchten an einer feel-wood-Singgruppe teilnehmen?

Kontaktieren Sie mich!

Tel.: 0043 664 5016317

Mail: info@johanna-kanzian.at

Man kann natürlich auch jederzeit und bei jedem Wetter alleine in den Wald gehen und sowohl die gesundheitsfördernde Wirkung des Waldes, als auch entspannendes und wohltuendes Singen nutzen, indem man ein Lied auf den Lippen hat. Der Vorteil dabei ist, dass man das Gedankenkarussell im Kopf stoppen kann. Es ist möglich, ganz im Hier und Jetzt zu sein.

feel-wood-Singen Impressionen

feel-wood – Ihr Zugang zum Wohlbefinden

Ich lebe hier und jetzt.
Ich bin das Ergebnis von allem, was geschehen ist oder geschehen wird, aber ich lebe hier und jetzt.

Paulo Coelho, Aleph

Hier und jetzt

Ihr Leben findet jetzt statt, in diesem Augenblick. Wenn man ihn versäumt, hat man einen Augenblick für immer versäumt. Das Schöne ist, dass sich wieder ein Augenblick ereignet, alles ist möglich in diesem Augenblick. Viele Menschen tendieren dazu, in der Zukunft oder in der Vergangenheit zu leben und vergessen dabei auf den Augenblick und die Gegenwart.

Die Welt ist, wie wir sie sehen

Man kann die eigene Welt selbst verändern. Wenn mir meine eigene Landkarte nicht gefällt, dann schaffe ich mir eine neue Landkarte. Oder wie es Dr. Manfred Winterheller ausdrückt: In unserem Leben befahren wir vorgegebene, möglicherweise manchmal eingefahrene „Römerstraßen", weil diese da sind. Wenn mir eine Straße aber nicht mehr zusagt, kann ich mir einen anderen Weg suchen. Natürlich wird dieser Weg anfänglich etwas beschwerlicher sein, aber mit der Zeit haben wir unsere „Römerstraße" wieder neu kreiert.

Nicht Materie ist die eigentliche Realität, sondern Schwingung/Energie. Diese Tatsache hat Folgen für unser Leben. Wenn alles Energie ist, dann sind auch unsere Gedanken Energie und das bedeutet, unsere Gedanken verfügen über ein Potenzial, welches in der Außenwelt etwas bewirken kann. Wenn alles Energie ist, ist auch der Mensch Energie, das heißt, er ist beliebig entwicklungsfähig.

Die wichtigste Frage ist: Was traue ich mir selbst zu?

Das ist das einzige Limit in unserem Leben. Wenn ich mir wenig zutraue, werde ich auch wenig erreichen. Wenn ich denke, das Leben ist grausam, dann wird es für mich auch so sein. Wenn ich glaube, dass ich immer ungerecht behandelt werde, dann wird es auch so sein.

Unser Bewusstsein beeinflusst die uns umgebende Welt. Mehr noch, unser Bewusstsein erzeugt diese Welt. Ohne unser Bewusstsein würde es eine Welt – wie wir sie kennen – nicht geben. Der denkende Verstand liegt an der Oberfläche des Bewusstseins und verfügt über keine direkte Beziehung zur Kraft des Lebens.

Die Kraft des Lebens geht durch die Tiefen des Bewusstseins und kann gedanklich nicht direkt erreicht werden. Die in diesen Tiefen vorherrschenden Gedankenmuster dienen als Modelle, als Formen für die Welt, die von der Kraft aufgrund dieser Formen manifestiert wird. Der Körper des Menschen und seine gesamte Umwelt, seine Familie, das Niveau seines Wohlstandes, alles, was er erlebt und nicht erlebt, gibt uns einen klaren Eindruck von seinem Innenleben, vom Inhalt seiner unbewussten, tiefgehenden Gedanken.

Jeder Mensch ist mit einem freien Willen ausgestattet. Jeder Mensch kann denken, was er will. Wir sind nicht das Opfer unserer Gedanken. Es gibt Menschen, die denken, die Welt ist ein Jammertal. Es gibt andere Menschen, die denken, die Welt ist voller wunderbarer Möglichkeiten. Alles ist möglich, weil wir über den freien Willen verfügen. Alles ist möglich bedeutet auch: Krankheit ist möglich, Gesundheit ist möglich. Reichtum ist möglich, Armut ist möglich. Die Freiheit zu denken, was wir wollen, heißt auch, wir sind für alles verantwortlich, was wir denken. Und das hat Folgen, weil sich ja unser Denken auf unser Fühlen und Handeln auswirkt. Die Zukunft ist vorhersagbar, wenn man sein Denken ändert, ändert man seine Zukunft.

Die Realität, die wir wahrnehmen, ist eine subjektive Konstruktion. Es ist nie zu spät, seine Realität zu ändern. Keine Situation ist ausweglos. Die Schöpfung gibt uns die Kraft und Energie, unsere eigenen Probleme zu lösen.

Es gibt keine Unterscheidung in große und kleine Probleme. Der Unterschied zwischen Siegern und Verlierern besteht nicht darin, dass Sieger nie verlieren. Er besteht darin, dass Sieger über ihre Verluste schneller hinwegkommen. Verlierer geben schneller auf. Sie zweifeln und verzweifeln.

Sieger haben gelernt, mit Rückschlägen zurecht zu kommen. Sie geben nicht auf. Sie bleiben ihren Zielen treu, auch wenn diese unerreichbar scheinen. Sie rechnen mit Problemen. Sie wissen aber, dass gerade diese Probleme die Spreu vom Weizen trennen werden.

Nie sind Probleme unüberwindbare Mauern, die jemanden an der Zielerreichung hindern. Alleine schon die Tatsache, dass man an sein Ziel glaubt, macht es erreichbar. Dieser Wegweiser gibt einen Abriss der

Möglichkeiten, wie man seine Wünsche und Ziele erreichen kann und das Wohlbefinden und die Freude im Leben steigern kann.

feel-wood
Keine Situation ist ausweglos.
Die Schöpfung gibt uns die Kraft und Energie,
unsere eigenen Probleme zu lösen.
Verändere deine Realität!
Aufs Leben!

PRAXIS: Begrenzende Gedanken und Glaubenssätze verändern – umkehren – auflösen

„The Work" nach Byron Katie untersucht die Gedanken, die uns belasten und einengen, und ermöglicht uns, diese ganz neu zu sehen und/oder loszulassen.

Schreiben Sie 3 Gedanken bzw. Glaubenssätze auf, die Sie als begrenzend erleben:

1. ....

2. ....

3. ....

Stellen Sie sich zu jedem Gedanken bzw. Glaubenssatz folgende Fragen:

1. Ist das wahr?
2. Können Sie mit absoluter (hundertprozentiger) Sicherheit wissen, dass das wahr ist?
3. Wie reagieren Sie, wenn Sie diesen Gedanken für wahr halten? (Was macht der Gedanke mit mir?)
   a. Können Sie einen friedvollen oder liebevollen Grund finden, an diesem Gedanken festzuhalten?
   b. Können Sie einen Grund sehen, diesen Gedanken fallen zu lassen?
4. Wer (oder wie) wären Sie OHNE diesen Gedanken?

Zum Abschluss: Kehren Sie den Gedanken um! (in sein Gegenteil – sinngemäß, wörtlich)

ACHTUNG: Bei Bewertungsgedanken über andere Menschen oder Dinge, setzen Sie Ihren Namen anstelle dessen ein. (z. B. Meine Arbeit bereitet mir keine Lust – „Ich" bereite mir keine Lust)

„Jeder Gedanke, der Unbehagen bereitet, ist nicht wahr."

Diese Aussage stammt von Byron Katie, die mit „The Work" ein wirkungsvolles Werkzeug geschaffen hat, wie wir unsere eigenen Gedanken und Glaubenssätze erkennen und wandeln können.

Wohnraum und der Einfluss von Materialien auf unser Wohlbefinden

Wir leben nicht mehr wie früher in der Natur, sondern in Gebäuden, meist aus Industriematerialien. Fast niemand macht sich dabei Gedanken, wie sich das auf die Gesundheit auswirkt.

Die Empfehlung von Sigmund Schuster (Holzingenieur und Baubiologe) ist, seinen Hauptlebensraum und vor allem den Schlafplatz so zu wählen, dass er die feinstoffliche Lebensinformation enthält, wie sie in der lebendigen Natur vorhanden ist.

Diesem Ansatz sollten unsere Wohnräume gerecht werden, weil wir sie fast nicht mehr verlassen. Während die Menschen früher täglich bis ca. 50 Prozent ihrer Zeit im Freien verbrachten, ist diese Zeit laut Schuster heute im Durchschnitt auf weniger als eine Stunde geschrumpft. Dies bedeutet, dass man den Großteil seiner Zeit in einer Hülle aus Materialien verbringt, die meist industriell erzeugt wurden. Man sollte sich bewusst machen, wie diese Materialien die Lebensenergie beeinflussen und wie sie auf den Menschen wirken.

Häuser dienten früher als Schutzräume, wobei aber im Freien gelebt wurde. Dagegen dienen Häuser heute als Lebensräume. „Deshalb haben sie heute auch ganz anderen Ansprüchen gerecht zu werden. Nicht der Schutzraum, sondern der Lebensraum hat einen Haupteinfluss darauf, ob und wie das Leben erblüht, welche Entwicklung es nimmt und wie sich die Gesundheit gestaltet“, meint Schuster.

Kraftgegenstände aus Holz und Wald-Kraft-Bilder mit Gesundheitswirkung

Umweltfreundliche Materialien, Licht, Bilder, Farben, Pflanzen, Aufräumen, Lüften, Räucherwerk – all das sind einfache Möglichkeiten, den Wohnraum in eine Wohlfühloase zu verwandeln. Mit Kraftgegenständen aus Holz und Wald-Wandbildern aus dem Mentalatelier „feel-good“ können Sie Gelassenheit und Stärke tanken und Wohlbefinden in Ihren Wohnraum bringen.

Sie interessieren sich für
feel-wood-Kraftgegenstände und Wald-Wandbilder?
Bilder und Informationen finden Sie auf unserer Homepage:
https://www.johanna-kanzian.at/shop

So einfach kommen Sie zu Ihrem ganz persönlichen und individuellen Kraftgegenstand oder Wald-Kraft-Bild aus dem Mentalatelier „feel-good“: das Lieblingsmotiv aussuchen, bestellen, aufhängen, aufstellen oder umhängen und beim Betrachten zu Hause oder in der Arbeit die positive Wirkung des Waldes und Holzes aufnehmen. Körperliche und mentale Ausgeglichenheit sowie das Wohlbefinden werden unterstützt.

Auf Wunsch können die Bilder und Gegenstände mit einer Botschaft aus dem morphischen Feld speziell für den Besitzer versehen werden.

Bei den feel-good-Waldtagen gibt es die Möglichkeit, selbst kreativ zu werden und Gegenstände zu produzieren.

Sie möchten mehr wissen?
Kontaktieren Sie mich!
Tel.: 0043 664 5016317
Mail: info@johanna-kanzian.at

Ernährung

Durch falsche Ernährungsgewohnheiten und übermäßigen Konsum von Genussmitteln, zu viel Stress und zu wenig Bewegung überlasten wir unseren Körper. Wir verlieren Energie und fühlen uns nicht wohl.

Daher finden Sie beim feel-wood-Training auch ein Programm zur individuellen Anpassung der Ernährungsgewohnheiten und des Lebensstils. Das Motto beim Essen: Alles ist erlaubt, aber auf die richtige Menge kommt es an. Unterstützt wird das Programm durch individuelle Körperübungen und Akupunkturpunkt-orientierte Phonophorese. Es wird auf allen Ebenen gearbeitet und Körper, Geist und Seele werden wieder in Einklang gebracht. So erreicht man das optimale Energienlveau und in weiterer Folge das Wohlfühlgewicht.

Körper – Physiologische Grundlagen

Das feel-wood-Ernährungsprogramm basiert auf Erkenntnissen aus der Physiologie und der Ernährungsforschung.

Das Spiel mit den Fettzellen

Fettzellen stellen einen Energiespeicher des Körpers dar, sie können sich füllen und leeren. Im Zuge eines Abnehmens wird vorerst nur der Inhalt der Fettzellen verbraucht, die Zellen bleiben jedoch vorhanden, um sich bei nächster Gelegenheit möglichst schnell wieder zu füllen. Der menschliche Organismus ist auf Vorratswirtschaft ausgelegt. Dies hat auch mit der Entwicklungsgeschichte der Menschheit zu tun. Ein gleichmäßiges Nahrungsangebot zu allen Jahreszeiten ist eine Entwicklung der Neuzeit.

Wir müssen also unserem Körper klar machen, dass viele Fettzellen unnötige Strukturen sind, weil er immer ausreichend Nahrung erhält. Das heißt jedoch NICHT hungern, sondern satt von der Mahlzeit aufstehen, mit Vernunft (Verstand) essen, sprich gesundes Essen am Tisch und nicht ÜBER-essen.

Zucker ist nicht gleich Zucker

Kohlehydrate wirken wie Zucker. Wenn man ein Stück Semmel lange genug im Mund zerkaut, wandeln schon die im Speichel vorhandenen Fermente die kurzkettigen Kohlehydrate der Semmel in Zucker um – und man schmeckt Süßes.

Langkettige Kohlehydrate sind komplexere Zuckerverbindungen, die vom Körper langwieriger aufgespalten werden. Stärke und Cellulose sind zum Beispiel die bekanntesten langkettigen Zucker.

Kurzkettige Kohlehydrate werden in Einfach- und Zweifachzucker unterteilt. Sie werden kurzkettiger Zucker genannt, da sie auf molekularer Ebene wenige Verbindungen herstellen. Hierdurch besteht der Vorteil, dass der Körper sie in der Verdauung einfacher aufspalten und in das Blutsystem überführen kann.

Demnach schießt nach Aufnahme von kurzkettigem Zucker der Insulinspiegel in die Höhe, die gewonnene Energie verpufft jedoch schnell und neuer Heißhunger entsteht. Das Spiel ist vom Naschen hinlänglich bekannt, oder wenn man nicht aufhören kann zu den Chips zu greifen, obwohl die Packung schon leer ist.

Langkettige Kohlehydrate versorgen den Körper ausgeglichener, der Abbau erfolgt langsamer und es wird eine länger dauernde Sättigung erreicht.

Beispiele (Auswahl):	**Kurzkettiger Zucker**	**Langkettiger Zucker**
	Weißbrot	Getreide
	Schokolade	Hülsenfrüchte
	Süßigkeiten	Vollkornprodukte
	Obst	Haferflocken
	Limonaden	Voll-Reis
	Zucker	Nüsse

Inhaltsstoffe

Jedes Lebensmittel hat neben den bekannten Inhaltsstoffen wie Fett, Eiweiß und Kohlehydrate noch Vitamine, Fermente, Säuren, Mineralien und im schlechten Fall die berüchtigten „E"s (= künstliche Zusatzstoffe, Farbstoffe, Konservierungsmittel, und dergleichen mehr).

Gesunde Lebensmittel haben einen hohen Anteil an Vitalstoffen, also z. B. natürliche Vitamine, hochwertige Fette (Omega-3 oder höher), Spurenelemente usw. Diese Vitalstoffe finden sich in (biologisch angebautem) Obst, Gemüse, Vollkornprodukten, aber auch in gewissen Grenzen in Fleisch oder Fisch.

Hier gilt wie so oft: Die Menge ist ausschlaggebend!

Individualität

Im Volksmund spricht man schon seit urdenklichen Zeiten von guten und schlechten „Futterverwertern". Jeder Mensch hat sein eigenes System. Jeder reagiert auf die verschiedenen Nahrungsmittel unterschiedlich.

Es ist daher von besonderer Bedeutung, sich ein klares Bild von den bisherigen Lebens- und Ernährungsgewohnheiten zu machen, um einen angepassten Ernährungs- und Vitalplan zu erstellen.

Der physikalische Energiehaushalt

An der Physik führt kein Weg vorbei. Die Energieerhaltung gilt als wichtiges Prinzip aller Naturwissenschaften. Vereinfacht ausgedrückt besagt dieses Prinzip, dass Energie umgewandelt, aber nicht vernichtet werden kann. Wenn also von außen einem System Energie zugeführt wird, kann diese nur umgewandelt oder gespeichert werden. Umgelegt auf den menschlichen Körper muss jede dem Körper zugeführte Energie in Form von Essen verbraucht oder gespeichert werden.

Energiespeicher Körper

Wenn also in Form von Nahrung dem Körper Energie zugeführt wird, kann diese umgewandelt oder gespeichert werden.

Der ständige Verbrauch an Energie durch die lebenserhaltenden Funktionen wird Grundumsatz genannt. Dieser ist abhängig von Alter, Geschlecht, Gewicht, Größe und in geringem Maße von individuellen Unterschieden. Eine einfache Berechnung ist: Grundumsatz = Körpergewicht (kg) x 24 Stunden. Beispiel für eine 70 kg schwere Person: 70 x 24 = 1680 kcal Grundumsatz pro Tag).

Genauer ist die „Harris-Benedict-Formel", die mehr Faktoren berücksichtigt: 655,1 + (9,6 x Körpergewicht in kg) + (1,8 x Körpergröße in cm) – (4,7 x Alter in Jahren). Am Beispiel einer 30 Jahre alten Frau bei einer Größe von 1,62 Meter und einem Gewicht von 57 Kilogramm ergibt das einen Grundumsatz von ca. 1353 kcal.

Nicht verbrauchte Energie wird zuerst als Glucose (Zucker), danach in Fett gespeichert. Logische Folge: Wer abnehmen will, muss auf irgendeine Weise mehr Energie verbrauchen als zuführen. Wer behauptet, dass dies auch anders geht (z. B. mit Spezialtabletten oder mit nur 5-Minuten-Übungen auf Wundergeräten), ignoriert diese einfache Tatsache.

Energiegehalt versus Energieverbrauch

Heute kann man fast auf jeder Packung Nahrungsmittel den Energiegehalt in kcal ablesen. Im Gasthaus oder auch bei selbstgemachtem Essen ist dies schon schwieriger. Hier nur einige Beispiele: Wurstsemmel -> 300 kcal, Cheeseburger -> 1200 kcal, Donut mit Schokoüberzug 7cm Durchmesser -> 200 kcal, Schweinsbraten 100g -> 300 kcal. Im Internet lassen sich fast alle Nahrungsmittel mit ihrem Kaloriengehalt finden.

Mit einem Cheeseburger und einer Wurstsemmel hat also die Frau im Beispiel von vorhin (30 Jahre alt, 1,62 Meter groß, Gewicht 57 kg) ihren Grundumsatz bereits abgedeckt. Jedes Mehr muss auf andere Weise verbraucht werden, andernfalls nimmt sie unweigerlich zu.

Energie verschwindet nicht von alleine, sie kann nur in eine andere Form umgewandelt werden. Diese Umwandlung erfolgt im Wesentlichen in Arbeit und Wärme, bzw. eine Kombination davon. Im Falle eines Menschen ist dies in erster Linie Muskelarbeit. Einige Beispiele des Energieverbrauches einer 70 kg schweren Person pro 30 Minuten: Wandern -> 66 kcal, Gartenarbeit -> 122 kcal, Schifahren (reine Fahrzeit) -> 250 kcal, Crosstrainer langsam -> 225 kcal.

Bei Bewegung, insbesondere beim Sport, wird (Muskel-)Arbeit verrichtet und Wärme erzeugt. Man merkt dies am Schwitzen. Hinzu kommen noch Nebeneffekte. Zum Beispiel hat Muskelmasse einen höheren Energieverbrauch bei Untätigkeit (auch im Schlaf!) als anderes Gewebe (Fettgewebe). Das heißt, dass Krafttraining durch die Erhöhung der Muskelanteile zu einem höheren Grundumsatz beiträgt.

Was essen und wie essen?

Hier sind allgemeine Empfehlungen, die wirklich jedem Menschen gut tun:

- ALLES IST ERLAUBT, aber auf die richtige Menge kommt es an.
- HÖREN SIE AUF DEN EIGENEN KÖRPER! Wichtiger als jede Empfeh lung ist, dass Sie die Botschaften Ihres eigenen Körpers wahrnehmen und beachten.

- WENIGER ESSEN! Wir sind in der glücklichen Lage, in einem der reichsten Länder der Welt zu leben. Wir haben ein Überangebot an Nahrung. Manchmal essen wir uns krank, deshalb ist die Empfehlung, grundsätzlich eher weniger zu essen.
- TRINKEN Sie viel Wasser und ungesüßte Tees.
- LANGSAM ESSEN und alle festen Nahrungsmittel gut kauen. Die zerkleinerten Teile können vom Körper leichter verdaut werden. Dadurch kommt es seltener zu Verdauungsproblemen (wie Sodbrennen, Blähungen oder Verstopfung). Laut Studien ist alleine durch besseres Kauen eine Gewichtsabnahme bis zu 10 kg im Jahr möglich.
- Machen Sie Pflanzen zur Hauptspeise: Fünf Mal pro Tag Obst und Gemüse (in allen Farben, roh oder gekocht, bevorzugt regional und saisonal).
- Essen Sie möglichst naturbelassene und unverarbeitete Nahrungsmittel (hochgradig verarbeitete pflanzliche Nahrungsmittel wie Zucker, Weißmehl, Pommes, Chips und dgl. meiden; Pizza lieber selber machen, als eine Fertigpizza kaufen), meiden Sie Wurst und frittierte Speisen.
- Verwenden Sie ausgewählte Fette und Öle: Man benötigt z. B. Omega-3-Säuren, diese bekommt man durch Leinöl, Olivenöl, Distelöl oder Nüsse (z. B. 5 halbe Walnüsse pro Tag und 5 Mandeln pro Tag).
- Reduzieren Sie Genussmittel (Schokolade, Kuchen, Wein, Bier, Schnaps ...).
- GENIESSEN SIE das Essen, essen Sie bewusst und nicht „nebenbei“.

Detaillierte und individuell abgestimmte Ernährungsvorschläge werden von uns im Laufe der persönlichen Betreuung erstellt.

Sie interessieren sich für das individuell abgestimmte feel-wood-Gesundheitsmanagement?

Kontaktieren Sie mich!

Tel.: 0043 664 5016317

Mail: info@johanna-kanzian.at

Wann essen?

Zurzeit sind einige Diäten im Gespräch, die den Rhythmus der Nahrungsaufnahme als Leit- und Namensbild haben. Der Arzt und Kabarettist Bernhard Ludwig schwört z. B. auf die 10in2-Diät: ein Tag alles erlaubt, ein Tag Nulldiät.

Eine andere, ähnliche Form ist die 8-16-Diät, das sogenannte Intervallfasten. Die Nahrungsaufnahme soll hier innerhalb von 8 Stunden erfolgen. Dann folgen 16 Stunden mit lediglich Trinken von kalorienfreier Flüssigkeit (Wasser, Tee).

Einige Diätologen empfehlen fünf Mahlzeiten am Tag, andere sprechen von der Hälfte (2 ½ -> Frühstück, Mittagessen, leichte Kost am Abend).

Nicht alles ist jedoch im Lebensrhythmus des Einzelnen machbar. Eine individuelle Abstimmung des Ernährungsplanes auch in zeitlicher Hinsicht zählen wir zu unseren Aufgaben.

PRAXIS: Das Frühstück – gesund und gut

Zum Frühstück könnte an den meisten Tagen der Woche Müsli auf dem Tisch stehen. Dann ist gegen eine sonntägliche Marmeladesemmel samt Kaffee nichts einzuwenden. Als tägliches Frühstücksgetränk empfehlen wir warmes Wasser oder/und Kräutertee, z. B. eine Kräutermischung zur Entschlackung.

Rezept für Müsli

- Eine Mischung von Buchweizen, Hirse, Leinsamen, Sesam und Dinkel vorbereiten. Am Vortag mit einer Getreidemühle oder Ähnlichem 2EL/Portion reiben und mit Trockenfrüchten (Rosinen, Feigen und dgl.) und Wasser ansetzen. Wem das Mischen und Mahlen des Getreides zu aufwendig ist, kann auch spezielle Mischungen aus dem Bioladen verwenden.

- Am Morgen frisches Obst (Apfel, Birne, Banane, Beeren, Kiwi ...), Nüsse, ein paar Kerne (Sonnenblumen, Kürbis, Pinien) untermischen und mit heißem Wasser aufgießen.

PRAXIS: Krautsuppe – ein Jungbrunnen für den Körper

Krautsuppe kann man immer wieder in den Speiseplan einbauen oder auch eine 7-tägige Krautsuppen-Kur machen.

Die Zutaten für Krautsuppe wirken wie ein Jungbrunnen auf vier Ebenen: Drainage im Verdauungstrakt und im Lymphsystem, Anregung des Herz-Kreislauf- und Immunsystems.

Folgende Wirkungen wurden bei der Krautsuppe festgestellt:

- Jeder Inhaltsstoff hat spezifische Wirkungen – das Gemüse schwemmt aus und entschlackt den Darm mit seinen Faserstoffen
- Sie kurbelt den Stoffwechsel an, dadurch wird mehr Fett verbrannt, ohne zu hungern (durch einen hohen Anteil an Vitamin C, Magnesium, Kalzium, Eisen, Jod und Zink)
- Sie entgiftet den Körper (vor allem Kalium entschlackt), stärkt die Immunabwehr (Senföle und Farbstoffe verhindern Bakterien, senken den Cholesterinspiegel) und gibt uns Energie
- Sie macht glücklich und gute Laune (Selen produziert fröhlich stimmende Botenstoffe, Tryptophan kurbelt die Bildung von Serotonin – dem Glückshormon – an, Folsäure und B-Vitamine wirken als Stresskiller und Gehirnnahrung und für gute Nerven)
- Hilft bei Schlafstörungen
- Vitamin-A schützt die Haut
- Fördert die Libido und die Geisteskraft

Rezept für Krautsuppe

(Mögliche/empfohlene) Zutaten:

Wer eine oder mehrere dieser Zutaten gar nicht mag, lässt sie einfach weg.

- 600 g Weißkraut (regt Fettverbrennung an, Vitamin B+C)
- 300 g Karotten (Carotin schützt vor freien Radikalen)
- 1 Stangensellerie (wassertreibend, regt Magensäfte an)
- 1 Dose Tomaten oder 300 g Paradeiser (Lycopin regt Immunsystem an und senkt Insulinspiegel)
- 2 bunte Paprika (kurbelt Magensekretion an, Vitamin C – Fatburner)
- 2 Zwiebeln (killt Bakterien, hemmt Entzündungen, senkt Fett- und Zuckerwerte im Blut, verbessert Bluthochdruck, Fließfähigkeit, bessere Durchblutung)
- 1 Bund Jungzwiebel oder Lauch
- 2 EL Olivenöl (enthält essentielle Fettsäuren zur Produktion von Schlank-Hormonen)
- 1 EL Currypulver, 1 EL gehackter Kümmel (Gelbwurz entzündungshemmend, gegen Blähungen)
- 1 EL zerstoßener Koriandersamen (Aromen)
- 1 Schuss Essig (neutralisiert die zu kräftigen Duftmoleküle des Kohls – Schwefelgehalt)
- 1,5 l Wasser
- 2 kleine getrocknete gehackte Chilischoten (heizt so richtig die Fettverbrennung an)
- 2 cm frischer Ingwer (verbessert Durchblutung, kräftig Herz und heilt Entzündungen)
- frische Korianderblätter und/oder Petersilie

Zubereitung

Das Gemüse waschen, putzen und klein schneiden. Zwiebeln und Lauch in einem großen Topf in Olivenöl anschwitzen, mit Curry, Kümmel und Knoblauch würzen, mit Essig ablöschen. Restliches Gemüse und pürierte Tomaten dazugeben und mit Wasser aufgießen. Lorbeer, Ingwer und

Chili dazu und 10 Minuten kochen lassen, Temperatur reduzieren und so lange köcheln lassen, bis das Gemüse gar ist. Mit frischen Kräutern verfeinern. Fertig ist die Suppe.

Geist – Die Macht der Gedanken

Das, was uns Probleme macht ist nicht die Wirklichkeit, sondern unsere Gedanken über die Wirklichkeit.

Schlank denken

Im Normalfall nehmen wir im Verhältnis zum körperlichen Einsatz zu viele Kalorien zu uns. Da wir meist zu schnell essen, haben wir bereits zu viele Kalorien aufgenommen, bevor uns das Gehirn ein Sättigungsgefühl signalisiert.

Geistig schlank werden ist die Devise. Ein übergewichtiger Mensch lebt nach einer Diät immer in der Angst wieder zuzunehmen. Die Gedanken kreisen ständig um diese Angst. Dadurch wird das Thema Essen im Gehirn immer und immer wieder aufgerufen. Das Gehirn sendet das Gefühl des inneren Dickseins aus. Es ist also notwendig, dem Gehirn das Schlanksein beizubringen. Ein neues Körpergefühl soll entwickelt werden.

Bei Übergewicht gibt es meist zu viele negative Gedanken, negativen Input, negative Vorstellungen und Ängste. Wir denken fast Tag und Nacht darüber nach, wie es nicht sein soll. Die negativen Auswirkungen von Übergewicht sind uns fast immer präsent und unsere Gedanken kreisen um Negatives: Übergewicht erhöht das Herzinfarkt-Risiko, Gelenke werden zu sehr belastet, und so weiter.

Alle diese Inputs führen zu Unwohlsein, Angst, manchmal Depressionen, immer jedoch zur Ablehnung des eigenen Körpers. Wir essen wieder, um das alles nicht wahrzunehmen – ein Teufelskreis. Deshalb müssen wir unser Denken umprogrammieren und auf das Positive umstellen.

PRAXIS: Neuprogrammierung Wunschgewicht

Wir haben die Fähigkeit, dem Gehirn klare Instruktionen zu geben. Wir können die Kommunikation zwischen Gehirn und Körper verändern.

1. Stellen Sie sich Ihr Wunschgewicht und das dazugehörige Körpergefühl vor.
2. Stellen Sie sich Ihren schlanken Körper von allen Seiten vor.
3. Machen Sie sich ein Bild von Ihrem Wunschkörper und verinnerlichen Sie die Möglichkeit, dieses Bild auch zu erreichen.

Diese Übung soll so lange gemacht werden, bis das Bild plastisch vor Ihren Augen entsteht. Es reichen 10 Minuten pro Tag neben der täglichen Bewegung.

Energetische Reinigung

Es gibt viele Möglichkeiten, um sich energetisch zu reinigen. Man kann es sich wie eine Dusche vorstellen im Energiekörper. Zum Beispiel den Körper unter der Dusche zusätzlich gedanklich noch mit weißem Licht fluten. Reinigung durch Räuchern, Rosenwasser, Schwitzhütte ...

Wie verliere ich Energie?

- Wiederkauen von Negativerlebnissen und Problemen
- Bewegungsmangel, Trägheit
- Misstrauen, Unehrlichkeit, Zweifel
- Zu viel Essen, Suchtmittel, Alkohol, Drogen
- Ablenkungen durch Telefonate, SMS, Zeitungen, Fernsehen

- Einseitige kopflastige Tätigkeiten: reden, denken, diskutieren
- Andere verantwortlich machen für die eigenen Befindlichkeiten
- Jammern, kritisieren, sich beschweren

Wie bekomme ich Energie?

- Naturerfahrungen – in die Natur gehen
- Körperliche Aktivität
- Dinge tun, die ich gerne tue (Hobbies, Sport, Entspannungsübungen, Tanzen, Singen, Berggehen ...)
- Aufgaben annehmen und die Trägheit überwinden
- Denk-Grenzen ausweiten und überwinden (Herzintegration und The Work)
- Lachen, Leichtigkeit
- Vertrauen und Nähe zulassen
- Wertschätzung
- Den Ängsten ins Auge schauen, statt vor ihnen wegzulaufen
- Aufbauende Gespräche über positive Erlebnisse
- Stille, Leere, bei sich bleiben

PRAXIS: Erdung und energetische Reinigung

Geeignet als Gruppen- oder Partnerübung.

- Setzen Sie sich bequem hin. Schließen Sie Ihre Augen.
- Spüren Sie, wie Ihre Fußsohlen den Boden berühren.
- Bitten Sie Ihre geistigen Helfer, Ahnen, Schutzengel und Krafttiere um Begleitung, sodass alles zu Ihrem Wohl geschieht.
- Atmen Sie tief ein und aus. Spüren Sie, wie der Atem in Ihren Körper einströmt und ihn wieder verlässt und schenken Sie sich ein Lächeln.

- Stellen Sie sich vor, wie mit jedem Atemzug eine Wurzel in die Erde wächst, ausgehend von Ihrer Mitte über Ihre Füße in den Boden. Sie verwurzeln sich symbolisch in der Erde. Sie erden sich.
- Ihr Atem strömt sanft und tief ein und aus. Holen Sie sich den Strom durch Ihre Füße und Wurzeln aus dem Herz von Mutter Erde und gleichzeitig von oben, dem Kosmos, in Ihre Mitte. Beide Ströme verbinden sich, unten und oben, Erde und Kosmos. Dies ist Ihre natürliche energetische Anbindung.
- Wenden Sie sich nun der energetischen Reinigung zu. Lenken Sie Ihre Aufmerksamkeit in verschiedene Regionen Ihres Körpers, von oben nach unten.
- Beginnen Sie mit der energetischen Reinigung des Kopfbereiches. Spüren Sie Stress, Druck, chaotische Gedanken? Lassen Sie unpassende Energien abfließen. Atmen Sie tief ein und aus. Lassen Sie sich Zeit. Wenn Sie das Gefühl haben, dass alle unpassenden Energien abgeflossen sind, lenken Sie Ihre Aufmerksamkeit in den nächsten Bereich.
- Lenken Sie Ihre Aufmerksamkeit auf Ihren Hals- und Schulterbereich sowie die Arme. Spüren Sie Blockaden, Druck, Belastung? Lassen Sie unpassende Energien abfließen. Atmen Sie tief ein und aus. Lassen Sie sich Zeit. Wenn Sie das Gefühl haben, dass alle unpassenden Energien abgeflossen sind, lenken Sie Ihre Aufmerksamkeit in den nächsten Bereich.
- Lenken Sie Ihre Aufmerksamkeit auf Oberkörper, Brustkorb, Bauch, Rücken. Spüren Sie Verspannungen, Druck, chaotische Gefühle? Lassen Sie unpassende Energien abfließen. Atmen Sie tief ein und aus. Lassen Sie sich Zeit. Wenn Sie das Gefühl haben, dass alle unpassenden Energien abgeflossen sind, lenken Sie Ihre Aufmerksamkeit in den nächsten Bereich.
- Lenken Sie Ihre Aufmerksamkeit auf Becken, Hüfte, Hintern. Spüren Sie Starrheit, Druck, Anspannung? Lassen Sie unpassende Energien abfließen. Atmen Sie tief ein und aus. Lassen Sie sich Zeit. Wenn Sie das Gefühl haben, dass alle unpassenden Energien abgeflossen sind, lenken Sie Ihre Aufmerksamkeit in den nächsten Bereich.
- Lenken Sie Ihre Aufmerksamkeit auf Beine und Füße. Spüren Sie Schwere, Druck, Überlastung? Lassen Sie unpassende Energien ab-

fließen. Atmen Sie tief ein und aus. Lassen Sie sich Zeit. Wenn Sie das Gefühl haben, dass alle unpassenden Energien abgeflossen sind, lenken Sie Ihre Aufmerksamkeit in den nächsten Bereich.

- Nehmen Sie sich nun als Ganzheit wahr, Ihren Körper, Ihren Kontakt zur Erde. Gibt es noch unpassende Energien? Wenn ja, lassen Sie sie abfließen, damit sie transformiert werden können.
- Genießen Sie das Gefühl des energetischen Gereinigtseins.
- Danken Sie Ihren geistigen Helfern, Ahnen, Schutzengeln und Krafttieren für die Begleitung.
- Wenden Sie sich nun wieder der Alltagswelt zu. Bewegen Sie Füße und Zehen, Hände und Finger. Blinzeln Sie und öffnen Sie die Augen. Seien Sie mit Ihrer ganzen Aufmerksamkeit im Hier und Jetzt.

Anpassung der Lebensgewohnheiten

Für einen nachhaltigen Erfolg jeder Änderung von Lebensgewohnheiten (z. B. Erreichung des Wohlfühlgewichtes, Raucherentwöhnung) ist es unerlässlich, den ganzen Menschen einzubeziehen. Zum Beispiel wird eine reine Diät ohne die Einbeziehung von emotionaler/mentaler Ebene kaum von dauerhaftem Erfolg gekrönt sein.

Eine Erfolg versprechende Anpassung der Gewohnheiten muss daher das gesamte „System Mensch", also neben der körperlichen auch die emotional-mentale Ebene erfassen.

feel-wood
Die Illusion der Angst hat in dieser Welt eine große Anziehungskraft und kann durch Vertrauen ins Leben aufgelöst werden.
Wenn du dich in gute Schwingung bringst, bist du in deiner Mitte und glücklich.
Welche Tätigkeit tut dir heute gut?
Aufs Leben!

Vorbereitung und Grobplanung zum feel-wood-Gesundheitsmanagement

- Vorerhebungsbogen Ernährungsgewohnheiten und allgemeines Wohlbefinden
- Einzelgespräch und Blockadenlösung (Zettelaufstellung, Fühlen der morphischen Intuition (FMI), Mentaltraining, The Work nach Byron Katie, MFL® Morphisches Feld Lesen und Phonophorese)
- Einstiegsszenario: z. B. eine Woche keine Genussmittel (Zucker, Alkohol, Schokolade, weißes Mehl) unterstützt durch z. B. Krautsuppenernährung oder Reis-Ernährung
- feel-good-Waldtage mit einer leichten Anpassung der Gewohnheiten
- Durch falsche Ernährungsangewohnheiten und übertriebenen Konsum von Genussmitteln überlasten wir unseren Körper. Unser Körper sollte daher auf allen Ebenen gereinigt werden. (z. B. Phonophorese beim ersten Workshop)
- Individuelle Nahrungsmittel-Anpassung und energetische Balancierung
- Langfristige kleine Anpassung der Ernährungsgewohnheiten: Alles ist erlaubt, aber auf die Menge und die Qualität kommt es an.
- Langfristige Umstellung der Denkmuster mit Mentaltraining. Fokus auf das Positive: Was gibt mir Kraft? Wozu lohnt es sich, in der Früh aufzustehen?
- Langfristige kleine Anpassung der Lebensgewohnheiten: mehr Bewegung, vor allem in der Natur; Potenziale erkennen und fördern.

Sie interessieren sich für das individuell abgestimmte feel-wood-Gesundheitsmanagement?

Kontaktieren Sie mich!

Tel.: 0043 664 5016317

Mail: info@johanna-kanzian.at

PRAXIS: Den Körper in Bewegung bringen – mindestens 10 Minuten Übungen pro Tag

Bewegung bewirkt eine Steigerung der Lebensfreude durch Körpererfahrung und zunehmende Fitness. Am besten ist zweifelsfrei die Bewegung in freier Natur. Wandern, insbesondere wenn es bergauf geht, Schifahren, Radfahren, Laufen, diverse Rasenspiele usw. heben den Energieverbrauch ordentlich an. Bei Schlechtwetter oder Zeitmangel sind regelmäßige Übungseinheiten indoor ein guter Ersatz.

Die Empfehlung aus dem Mentalatelier feel-good ist, sich zumindest 10 Minuten pro Tag Zeit zu nehmen für individuelle Körperübungen. Zusätzlich werden Spaziergänge in der Natur empfohlen. Suchen Sie sich eine oder mehrere Lieblingssportarten und üben Sie diese regelmäßig aus.

PRAXIS: Wofür bin ich jetzt dankbar?

Schreiben Sie 4 Punkte auf, wofür Sie jetzt dankbar sind:

1. ....

2. ....

3. ....

4. ....

Schreiben Sie 21 Tage lang jeden Abend auf, wofür Sie dankbar sind, und lesen Sie es am nächsten Tag noch einmal durch.

PRAXIS: Was macht mich für andere Menschen wertvoll?

Was macht Sie für andere Menschen wertvoll? Ist es Ihre Erfahrung, Ihr Wissen, Ihre Zuverlässigkeit, Ihr Einfühlungsvermögen, sind es Ihre Fähigkeiten? Was an Ihnen schätzen Sie ganz besonders? Welche wertvollen Erfahrungen haben Sie schon gemacht, die anderen (und Ihnen) weiterhelfen?

Schreiben Sie 4 Punkte auf, warum Sie wertvoll für sich und für andere Menschen sind:

1. ....

2. ....

3. ....

4. ....

Schreiben Sie 21 Tage lang jeden Abend auf, was Sie wertvoll für andere Menschen macht, und lesen Sie es am nächsten Tag noch einmal durch.

feel-wood
Was will ich wirklich in meinem Leben?
Versuche diese Frage in vier Sätzen klar zu beantworten! Schreib dies über Weihnachten und lies es zu Neujahr wieder durch.
Schließe deine Augen und fühle in dich hinein.
Was antwortet dir das morphische Feld?
Hast du Zweifel oder spürst du:
Ja, genau! Das ist es, was ich will!
Aufs Leben!

Rituale und Jahreskreisfeste

Rituale helfen uns, Veränderungen im Leben bewusst zu vollziehen. Sie wirken für den Einzelnen wie für Gemeinschaften gleichermaßen. Ein Ritual ist unabhängig von Religion und Kultur, sozialer oder weltanschaulicher Zugehörigkeit. Mit Ritualen im Jahreskreis laden wir ein, den Alltag bewusst zu unterbrechen. Gerne begleiten wir Menschen bei schönen, aber auch schweren Veränderungen wie zum Beispiel Willkommensfeier, freie Trauung, Abschied.

Wir veranstalten Jahreskreisfeste:

- Imbolc, Brigid – 1. Februar (Das Leben beginnt allmählich zu erwachen, die Sonne wird kräftiger)
- Ostara, Frühlingsbeginn – 20. März (Tag- und Nachtgleiche)
- Beltane – 1. Mai (Das Fest der Druiden und Hexen, Fest der Sonne, Walpurgisnacht)

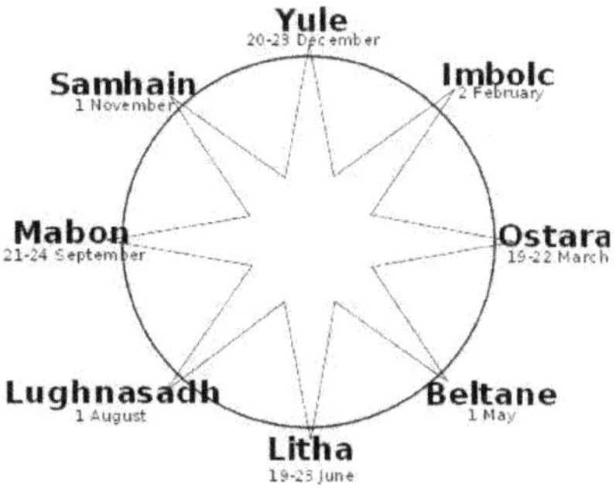

- Sommerbeginn – 20. Juni (längster Tag, Sommersonnenwende, Litha)
- Lughnasadh – 1. August (Das Fest des Lug, dem keltischen König der Sonne, „Schnitterinnenfest")
- Mabon, Herbstbeginn – 22. September (Tag- und Nachtgleiche)
- Samhain – 1. November (Das Fest zu Ehren unserer Ahnen)
- Winterbeginn - 21. Dezember (Wintersonnenwende, Yule oder Jul)

Die meisten dieser Feste, deren Entstehung bis in die Bronzezeit zurückreicht, decken sich mit traditionellen Festen der Volkskultur. Als Beispiel sei hier Imbolc, das Fest des erwachenden Lebens und der stärker werdenden Sonne am 1. Februar (Maria Lichtmess) erwähnt. Auch das Fest Ostara, welches in den meisten Regionen im April gefeiert wurde, bezieht sich auf die Tag- und Nachtgleiche im Frühjahr. Dabei wird die Wiederauferstehung des Lebens in der Natur nach der kalten Jahreszeit gefeiert. Es ist ein Fest der Fruchtbarkeit allen Lebens und ein Frühlingsfest (Ostern).

Wir laden ein, mit uns die alten Traditionen zu beleben und mit uns diese Feste im Jahreskreis zu feiern.

https://www.youtube.com/channel/UCusXiB-i3oW-M8TtgDP3jMw

Sie interessieren sich für Rituale und Jahreskreisfeste?

Kontaktieren Sie mich!

Tel.: 0043 664 5016317

Mail: info@johanna-kanzian.at

Bei den Jahreskreisfesten optimieren wir unsere energetische Signatur. Intuitionstraining, bekannte Lieder, einfache Lieder, Trommeln, Line-Dance, eine Erdungsübung, eine Meditation, ein Wunschritual sind nur einige mögliche Programmpunkte. Je nach Gruppenwunsch bzw. Gruppenzusammensetzung wird jeder Termin individuell gestaltet.

Die Freude, neue Menschen kennenzulernen, das Aufeinander-Hören, die Bewegung in der Natur und die bewusste neue Wahrnehmung des Körpers stehen im Vordergrund. Alle, die gerne singen, spazieren gehen, Energie in der Natur tanken möchten, sich „erden" möchten, sind herzlich eingeladen. Wir improvisieren und wenn Sie Ihr Instrument oder Ihre Trommel mitbringen möchten, sehr gerne!

PRAXIS: Die Rauhnächte feiern

Die Rauhnächte sind wichtige Tage im Jahreskreis des keltischen Kulturkreises. Sie werden unter anderem mit Räuchern begangen, damit Altes, Verbrauchtes und Negatives verabschiedet werden kann.

- Der ideale Tag, um die Rauhnächte zu feiern, ist der 21. Dezember: die Wintersonnenwende, Symbol des Lichts.
- Stimmen Sie sich auf die besondere Zeit der Rauhnächte ein. Es ist die Zeit, um in die Ruhe zu gehen. Ein mentales Rauhnachtsritual ist der Auftakt für die bevorstehende Zeit bis zum 6. Jänner.
- Bereiten Sie eine Kerze (oder einen Adventkranz), eine feuerfeste Schale (oder einen Holzofen oder eine Feuerschale) und 4 kleine Zettel vor. Wer mag, kann Räucherwerk (Harze, Kräuter, Zweige, Orangenschalen) nutzen.
- Achten Sie darauf, welche mentalen Botschaften Sie während des Rituals aus dem morphischen Feld bekommen.
- Zünden Sie eine Kerze oder die Kerzen am Adventkranz an und atmen Sie tief ein und aus. Schenken Sie sich selbst ein Lächeln und

freuen Sie sich darüber, was Sie im vergangenen Jahr alles hervorragend erledigt haben.

- Wenn Sie eine Trommel haben, dann trommeln Sie. Laden Sie Ihre geistigen Helfer, Krafttiere, Engel, Ahnen ein als Unterstützung für das Ritual.
- Schreiben Sie nun 4 Wünsche auf jeweils einen Zettel.
- Spüren Sie bei jedem Wunsch das Gefühl, wie es ist, wenn der Wunsch erfüllt ist. Bedanken Sie sich für die Erfüllung des Wunsches.
- Bewahren Sie die Wünsche auf.
- Ziehen Sie jetzt einen Wunsch und übergeben Sie die Erfüllung an höhere Kräfte, indem Sie ihn verbrennen (in der feuerfesten Schale, im Ofen, in der Feuerschale).
- Bedanken Sie sich bei Ihren geistigen Helfern, Krafttieren, Engeln, Ahnen, die Sie beim Ritual unterstützt haben.
- Beenden Sie das Ritual, löschen Sie die Kerze und legen Sie die übrigen drei Wunschzettel an einen schönen Platz.
- Am 24. Dezember ziehen Sie Wunsch Nummer 2. Zünden Sie eine Kerze an und fokussieren Sie auf die Erfüllung des Wunsches. Gehen Sie in das Gefühl, wie es ist, wenn der Wunsch erfüllt ist. Bedanken Sie sich für die Umsetzung. Übergeben Sie die Erfüllung an höhere Kräfte, indem Sie ihn verbrennen. Löschen Sie die Kerze und beenden Sie das Ritual.
- Am 31. Dezember ziehen Sie Wunsch Nummer 3. Zünden Sie eine Kerze an und fokussieren Sie auf die Erfüllung des Wunsches. Gehen Sie in das Gefühl, wie es ist, wenn der Wunsch erfüllt ist. Bedanken Sie sich für die Umsetzung. Übergeben Sie die Erfüllung an höhere Kräfte, indem Sie ihn verbrennen. Löschen Sie die Kerze und beenden Sie das Ritual.
- Am 6. Jänner folgt Wunsch Nummer 4, der übrig gebliebene Zettel. Zünden Sie eine Kerze an und fokussieren Sie auf die Erfüllung des Wunsches. Gehen Sie in das Gefühl, wie es ist, wenn der Wunsch erfüllt ist. Bedanken Sie sich für die Umsetzung. Löschen Sie die Kerze und beenden Sie das Ritual.

feel-wood-Jahreskreisfeste Impressionen

Literatur

ARVAY Clemens G.: Das Biophilia Training
BOSSINGER Wolfgang und Katharina: Das Buch der heilsamen Lieder
BYRNE Rhonda: The Secret
CARNEGIE Dale: Freu dich des Lebens
DALAI LAMA: Der Weg zum Glück - Sinn im Leben finden
EGLI René: Das LOL^2A-Prinzip
HÖRMANN Kurt Zyprian: Fühlen ist klüger als denken
LELORD François: Hectors Reise oder die Suche nach dem Glück
MOHR Bärbel: Bestellungen beim Universum
MURPHY Joseph: Die Macht ihres Unterbewusstseins
REITER Alfons: Psychologie - Spiritualität
SCHUSTER Sigmund: Das NaturKraftHaus aus Vollwertholz
SHELDRAKE Rupert: Das schöpferische Universum
SHELDRAKE Rupert: Der siebte Sinn des Menschen
STANDENAT Sabine: Ich liebe mich selbst
STOCKINGER Günther Josef: Glut unter der Asche
TEPPERWEIN Kurt: Die geheimnisvolle Kraft der Intuition
TEPPERWEIN Kurt: Die Macht deiner Gedanken
THALHAMER August: Der Heilungsweg des Schamanen
WINTERHELLER Manfred: Start Living, Start Living 2
ZAUCHNER-MIMRA Stefanie: Mentikamente von A - Z

https://mflworld.com
https://www.karingraf.at/blog/uebungen/35-entscheidungsaufstellung
https://www.komm-in-balance.net/system-familienaufstellung
https://www.proholz.at/zuschnitt/51/wald-in-der-eu
https://mentalpower.ch/sechste-und-siebte-sinn
youtube: „So schaffen Sie sich geistiges Vermögen"- Kurt Tepperwein & Sami Sires - Gespräch mit einem Freund vom 25. August 2021

Über die Autorin

FRAGE: Frau Dr. Kanzian, könnten Sie sich bitte kurz vorstellen?

KANZIAN: Ich wohne in Golling und in Greifenburg, habe ein Wirtschaftsstudium absolviert und bin Mentaltrainerin.

FRAGE: Verbindet sich das?

KANZIAN: Das verbindet sich ganz gut. Aufgewachsen bin ich in Greifenburg/Kärnten. Als Jugendliche schnupperte ich im elterlichen Betrieb Sägewerksluft und entdeckte die Liebe zum Holz und zur Natur. 1995 maturierte ich am Holztechnikum Kuchl. Es folgte ein Wirtschaftsstudium in Graz. Bereits seit 2000 beschäftige ich mich mit den Themen Mind-Management, Kraft der Gedanken, Intuition und Mentaltraining. Nach dem Studium war ich als Redakteurin für den Holzkurier (Fachzeitschrift für die Holzwirtschaft) tätig. Ich hatte also immer schon mit Holz zu tun.

Mich hat immer schon interessiert: die Kraft der Gedanken. Bereits in der Zeit meines Wirtschaftsstudiums hat mich das interessiert. Ich erinnere mich an einen Vortrag von Prof. Dr. Winterheller, in dem er von Mind-Management gesprochen hat. Das Mentaltraining passt da sehr gut dazu. Deshalb habe ich eine Mentaltrainerausbildung gemacht und die Schwerpunkte auf Waldbaden, Heilsames Singen und Mentaltraining gesetzt.

Der Wald spielt ja seit jeher eine große Rolle in meinem Leben. Das Heilsame Singen passt deshalb gut dazu, weil ich schon seit meiner Kindheit gern singe. Mit dem feel-wood-Training, das ich jetzt entwickelt habe, kann ich sozusagen alle meine Leidenschaften verbinden und gleichzeitig Menschen dabei unterstützen, mehr Glück und Wohlbefinden in ihr Leben zu bringen.

Seit 2009 bin ich für Marketingagenden am Holztechnikum Kuchl zuständig und beschäftige mich im Unterrichtsfach SOPK (Soziale und Personale Kompetenz) mit dem richtigen Lernen, Persönlichkeitsentwicklung bzw. den Kommunikationstechniken. Ich berate

Meine Ausbildungen:

- HTL für Holzwirtschaft in Kuchl/Salzburg (Abschluss 1995)
- Studium Sozial- und Wirtschaftswissenschaften (Wirtschaftspädagogik) in Graz (Abschluss 2000 und 2002)

Meine Weiterbildungen:

- Mind-Management bei Dr. Manfred Winterheller
- Reiki im original Usui System bei Inge Maier
- Mentaltrainerausbildung an der Mentalakademie Europa
- Huna-Seminar bei Karl Edy
- Seminare an der Heilerakademie Europa bei Wolfgang T. Müller
- Ausbildung Quantenheilung bei Gabriela König
- Transformationswoche bei Robert Betz
- Ausbildung Aufstellungsarbeit mit schamanischer Integration inkl. Organisationsaufstellung bei Noora Gröger
- Seminar Healing Code nach Dr. Alex Loyd bei Maria Menz
- Reconnection Healing nach Dr. Eric Pearl bei Barbara Schönberger
- Visionswerkstatt bei Günther Josef Stockinger
- Energetischer Coach bei Mag. Walter Posch und Sabine Gamlinger
- MFL® Morphisches Feld Lesen bei Kurt Zyprian Hörmann bzw. Florian Benjamin Struber
- Heilsames Singen mit spiritueller Dimension bei Katharina und Wolfgang Bossinger
- Singleiterausbildung bei Katharina und Wolfgang Bossinger
- Phonophorese bei Carmen Taurer
- Mit der Kraft der Stimme bei Raimund Mauch und Alexandra Stockmeyer
- Sound Healing Master bei Tanja & Ulrich Draxler-Zenz
- Wildpflanzen – Selbstversorgung leicht gemacht bei Dr. Markus Strauß

unter anderem Schülerinnen und Schüler bei Berufsinformationsmessen. Für junge Leute gibt es ein großes Angebot und die Berufsentscheidung ist meist komplex. Deshalb biete ich im Rahmen meiner selbständigen Tätigkeit unter anderem „Potenzialanalysen“ als Hilfestellung bei der Berufswahl an.

Weiters beschäftigen mich Themen wie Gesundheit, morphische Intuition und Glück. Was macht uns gesund, zufrieden und glücklich? Ein Ansatz für mich ist Mentaltraining, Waldbaden und das heilsame Singen. Aus dieser Idee heraus ist das feel-wood-Training entstanden. Interessierte können somit das Fühlen der morphischen Intuition und Intelligenz (FMI) erlernen.

In meiner Freizeit bin ich gerne in den Bergen oder mit dem Ruderboot am See unterwegs und meine große Leidenschaft ist das Chorsingen bzw. das Singen in Kleingruppen. Gerne singen wir in unterschiedlichen Formationen bei verschiedenen Veranstaltungen oder organisieren Mitsingkonzerte.

FRAGE: Welche Ausbildungen haben Sie für Ihre Tätigkeit als feel-wood-Trainerin gemacht?

KANZIAN: Zusätzlich zur Mentaltraining-Ausbildung habe ich mehrere Weiterbildungen gemacht, unter anderem eine schamanische Ausbildung bei Noora Gröger, wo auch Aufstellungsarbeit ein Thema war. Ich habe viele Seminare besucht, beispielsweise Quantenheilung und Morphisches Feld lesen.

In der Sound Healing Master Weiterbildung habe ich erfahren, welche Instrumente heilsame Klänge haben. Apropos heilsame Klänge: Es gibt Schwingungen, die bewirken, dass sich die Zellen wieder richtig organisieren können, wenn man sie auf gewissen Körperstellen auflegt. Diese Methode wird als Phonophorese bezeichnet.

FRAGE: Sie sagten, Sie haben sich immer schon für „die Kraft der Gedanken“ interessiert. Was hat Sie daran so fasziniert?

KANZIAN: Ich habe mich gefragt: Was macht Leute erfolgreich? Es gibt beispielsweise zwei Schifahrer. Einer ist immer der Sieger. Der andere trainiert gleich viel und hat immer Verletzungen, kommt nicht weiter. Das hat mich immer schon interessiert: Warum ist der eine oben und der andere nicht?

Aus meiner Sicht ist der Unterschied ganz klar im Mindset, im Kopf. Der Unterschied liegt in der Einstellung: Wie gehe ich an ein Thema heran? Wie ist meine Grundeinstellung vom Denken her im Kopf? Und ich bin sicher: Man kann das verändern.

Wenn jemand immer schon ein Siegertyp war, braucht er nichts zu verändern, für den läuft es ja bestens. Aber für diejenigen, die nicht so erfolgreich sind, die nicht rundum gesund sind, die nicht ganz zufrieden sind, die eigentlich alles haben, im Leben aber nicht hundertprozentig zufrieden sind, die können ganz klar etwas verändern, indem sie Mentaltraining machen oder für sich im Feld lesen lernen bzw. lesen lassen.

Klar, im Leben gibt es immer ein Auf und Ab. Ziel meines Trainings ist, dass die Spanne, in der man oben ist, möglichst lang ist und dass man die Spanne, in der man unten ist, möglichst kurz halten kann. Es geht darum, in eine gute Stimmung bzw. in einen Flow zu kommen.

FRAGE: Gab es einen konkreten Auslöser, wo Sie sich noch mehr in das Thema reingekniet haben?

KANZIAN: Einen Auslöser hat es tatsächlich gegeben, wo ich mir gedacht habe: Wow, in diese Richtung möchte ich was machen.

Wir waren mit Schülern auf Exkursion in Finnland im Rahmen des Unterrichts am Holztechnikum Kuchl. Wir haben Holzbetriebe besichtigt und haben mitten im Wald gewohnt. Es war ein kleiner See da, es gab drei kleine Holzhäuschen. Also auch das Material, in dem wir gewohnt haben, war natürlich.

Einmal habe ich eine Pause gemacht, bin mit einem Buch im Wald spaziert, habe mich unter einen Baum gelegt und gedacht: Unglaublich, wie gut man da abschalten kann, unter einem Baum liegend, Buch lesend. Das Rauschen des Windes in den Bäumen. Das war wirklich ein besonderes Erlebnis für mich. Das war der Auslöser für das „Wald-Mentaltraining". So ist dann das feel-wood-Training und das Fühlen der morphischen Intuition (FMI) langsam entstanden.

advantage, Nr. 3 April 2021

Immunsystem stärken mit Mentaltraining im Wald

Übungen für Körper, Geist und Seele finden im Wald statt und bringen mentale Stärke und körperliches Wohlbefinden.

Nachweislich stärkt der Aufenthalt im Wald die Abwehrkräfte im Körper und aktiviert die Selbstheilungskräfte. Sowohl zum Schutz vor Ansteckungen, als auch zur Wiederherstellung ist Waldbaden ein geeignetes Instrumentarium. Das Ziel ist immer: Freude am und im Leben!

Mentaltraining-Einzelsitzungen indoor in Greifenburg und Golling oder bei gutem Wetter idealerweise outdoor in der Natur können jederzeit gebucht werden. Auch für die Almtage von 15. bis 18. August 2021 auf die Götlacher Alm (Lorafeld) gibt es noch ein paar freie Plätze.

Wir verbringen gemeinsam in der Kleingruppe ein paar Tage in der Natur in Kärnten, fernab von Alltag und Stress. Wir stellen uns die Fragen: Wohin geht mein Lebensweg? Was macht mir Freude im Leben?

Themen:

- Waldbaden in Kombination mit Heilsamen Singen
- Mentaltraining (Analyse und Auflösung von blockierenden Denkmustern, Intuition stärken, persönliches Coaching)
- Visionssuche und Infos aus dem morphischen Feld
- individuelle Phonophorese (Tonpunktur)
- Spaziergänge, kleine Wanderungen in beeindruckender Naturkulisse
- gesunde Verpflegung inkl. Brotbackkurs (biologisches Vollkornbrot)
- gemütliches Beisammensein am Lagerfeuer !

Infos & Anmeldung

Johanna Kanzian
info@johanna-kanzian.at
T: +43 664 501 63 17
www.johanna-kanzian.at
www.feel-good.cc

Do. 2. April 2020

KREATIV ENTSPANNT

„Den Duft erleben und dem Rauschen lauschen"

Mit einem Lied auf den Lippen durch den Wald spazieren. Das ist es, was Mentaltrainerin Johanna Kanzian rät. Im Wald werden Terpene durch die Bäume ausgeschüttet. Diese stärken die Abwehrkraft, aktivieren Selbstheilungskräfte und helfen gegen Depressionen. Eine besonders positive Wirkung hat die Waldluft auf

Johanna Kanzian tankt ...

---

6 OBERKÄRNTNER VOLLTREFFER 10.08.2020

Interview von Herbert Hauser

Es braucht Spaß und Freude im Leben

Dr. Johanna Kanzian (44) hilft Menschen ins Gleichgewicht. Durch die Kombination „Vergnügen mit gesunder Lebensführung" fördert sie mit ihrem Mentalatelier bei ihren Klienten mentale Stärke und körperliches Wohlbefinden. Kommenden Sonntag, 16. August, um 14 Uhr wird die Eröffnung des Mentalateliers feel-good in den neuen Räumlichkeiten in Greifenburg gefeiert. Hauptberuflich ist die Drautalerin seit 2009 für Marketing/PR am Holztechnikum Kuchl/Salzburg verantwortlich. Dr. Johanna Kanzian pendelt zwischen Greifenburg und Kuchl.

OVT: Dr. Kanzian, vielleicht ein bisschen als Tipp vorab – was macht Menschen in Zeiten wie diesen gesund, zufrieden und glücklich?

Dr. Johanna Kanzian: Einfache Frage – schwierige Antwort. Sicher ist, dass diese drei Dinge eng miteinander zusammenhängen und dass immer Körper, Geist und Seele im Gleichklang stehen müssen. Der Weg dorthin ist für keinen gleich. Das habe ich in meiner Tätigkeit als Mentaltrainerin immer wieder feststellen können. Unter dem Strich bleibt: Wenn wir wissen, warum wir in der Früh aufstehen und wenn wir unser Tun als sinnvoll empfinden – dann sind wir zufrieden.

Auf Ihrer Homepage steht „Mentalatelier feel-good, heilsames Singen und Waldbaden" – wie würden Sie diese Kombination erläutern?

Meine Veranstaltungen finden vorwiegend im Freien statt, weil man ja ohnehin sehr viel Zeit in Räumen und Büros verbringen muss oder aus Bequemlichkeit verbringt. In der Natur ist man in der Lage, gute Entscheidungen zu treffen und die Gedanken neu zu sortieren. Die Bewegung in der Natur und die bewusste Wahrnehmung des Körpers, das Aufladen der „Akkus" und das Wiederentdecken der eigenen Intuition stehen im Vordergrund. Ich biete Einzelsitzungen, Gruppenveranstaltungen und Almwochenenden an.

Welche Termine stehen in nächster Zeit an?

Die Gruppenveranstaltungen „Feel-good Waldspaziergänge" mit den Themen Mentaltraining, Singen, Bewegung, Picknick und Achtsamkeit im Wald finden jeden ersten Sonntag im Monat in Golling an der Salzach bzw. jeden dritten Sonntag im Monat in Greifenburg bzw. am Weißensee statt. Am Sonntag, 16. August ab 14 Uhr feiern wir die Eröffnung des Mentalateliers in den neuen Räumlichkeiten in Greifenburg, um 16 Uhr gibt es dann einen Waldspaziergang für alle Interessierten.

Welche Ausbildungen brauchen Sie als Mentaltrainerin?

Ich habe in Graz Wirtschaft studiert, habe dann an der „Mentalakademie Europa" die Ausbildung zur diplomierten Mentaltrainerin gemacht und habe mich immer weitergebildet. Dabei waren Themen wie die Kraft der Gedanken, MFL® Morphisches Feld Lesen, Persönlichkeitsentwicklung und Motivation bzw. Lebensfreude immer besonders wichtig für mich.

Kann man auch auf Highlights zurückblicken? Gerade wenn man Leuten wieder zu neuer Stärke verhilft?

Für mich ist jeder Termin mit einem Klienten bzw. einer Klientin ein Highlight, weil wir gemeinsam in ein bis zwei Stunden Mentaltraining-Einzelsitzungen neue Ziele definieren bzw. die Lebenssituation neu anpassen können. Mein Ziel ist es, dass die Menschen nach dem Termin mit einem Strahlen im Gesicht und hoffnungsfroh hinausgehen. Dann heißt es dranbleiben und die angepasste Lebenssituation weiterverfolgen.

Sie wuchsen in einem Sägewerksbetrieb auf, entdeckten dort die Liebe zu Holz, Wald und Natur. Wie sehr ist Ihr heutiges Tun von Ihrer Kindheit geprägt?

Die Kindheit am Land und die Beschäftigung mit dem Werkstoff Holz hat mich natürlich sehr geprägt. Holz ist ein geniales Material. Holz riecht gut, und es hat eine hervorragende Wirkung auf das Raumklima. Wenn man in einem Holzhaus wohnt, wird das Wohlbefinden gesteigert. In Europa gibt es eine nachhaltige Waldbewirtschaftung, der Rohstoff ist also grenzenlos zur Verfügung, weil immer mehr nachwächst als verwendet wird. Die Holzwirtschaft in Österreich hat tolle Produkte entwickelt, und Bauen mit Holz ist ökologisch, schnell und effizient möglich. Holz ist auch der bedeutendste CO_2-Speicher, die Verwendung von Holz ist daher ein wichtiger Beitrag zum Klimaschutz.

Nach Ihrem Wirtschaftsstudium waren Sie auch als Redakteurin bei einer Fachzeitschrift für Holzwirtschaft, dem „Holzkurier". Wie kam es dazu? Welche Erfahrungen nahmen Sie mit?

Ich habe vor meinem Wirtschaftsstudium die HTL für Holzwirtschaft besucht und wollte unbedingt in der Holzbranche Fuß fassen. Meine Arbeit als Redakteurin war sehr spannend, weil wir immer als erstes über die neuesten Entwicklungen und Installationen am Holzsektor berichten konnten. Einmal mehr wurde mir bewusst, wie fortschrittlich diese Branche ist.

Welchen Wunschtraum haben Sie privat? Vielleicht eine Weltreise?

Die Weltreise habe ich schon gemacht, aber es gibt in Österreich noch so viele tolle Plätze, die ich noch nicht kenne. Da habe ich noch einiges vor. Und als begeisterte Bergsteigerin sind einige Gipfel am Plan.

Es liegt Ihnen aber noch etwas am Herzen?

Eine ausgeprägte Passion is[t] auch das Singen, vor allem vo[n] Kärntnerliedern. Ich singe i[m] Kärntner Chor Salzburg und i[n] einer Kleingruppe. Ein große[r] Wunsch ist eine CD-Aufnahm[e] oder eine größere Konzertreise[.] Außerdem möchte ich mein[e] Ruderleidenschaft ebenfalls in[s] Mentaltraining integrieren, und ic[h] werde in Zukunft Mentaltrainin[g] am Ruderboot anbieten. Das not[-] wendige Boot wurde vor kurzem angeschafft, es fehlt nur noch ei[n] geeigneter Liegeplatz am Weißense[e].

Dennoch: Nicht nur als Konse[-] quenz aus den letzten Monaten[,] sondern auch aus meinem bishe[rigen] Erleben sehe ich ganz klar, das[s] das wichtigste Gut des Mensche[n] seine Gesundheit ist. Daher is[t] mein größter Wunsch Gesundhei[t] für meine Familie und mich. S[o] folgt auch logischer Weise mei[n] Bestreben, anderen Menschen be[i] der Erhaltung oder auch Wieder[-] erlangung ihrer körperlichen un[d] seelischen Gesundheit zu helfen.

Und wie gefällt Ihnen der „Oberkärntner Volltreffer"?

Sehr gut! Man ist über die aktu[-] ellen Ereignisse und Aktionen i[n] der Region bestens informiert, un[d] der „Oberkärntner Volltreffer[“] gehört für mich zu jenen Print[-] medien, die nicht nur Sensations[-] nachrichten verbreiten, sonder[n] auch den Eindruck vermitteln, das[s] die gute Nachricht die bessere ist.

Alle Interviews unter www.oberkaernten-online.at

Kurz gefragt:

Dr. Johanna Kanzian
(Greifenburg)

Mentaltrainerin & Marketingfachfrau

Sternzeichen: Fisch

Ich lese gern: Paolo Coelho

Ich esse gern: Kärntner Reindling

Lieblingsbaum: Kirschbaum

Lebensmotto: Genieße das Leben

Kronenzeitung Samstag, 20. Juni 202[0]

Eine ganz besondere Sonnwendfeier gibt es Sonntag, 21. [...] (15 Uhr), in Greifenburg. Wer sich fürs Waldbaden und hei[l-] same Singen interessiert, ist da genau richtig; Anmeldunge[n] sind bis Sonntag (12 Uhr) möglich: 0664/ 501 63 17.

---

5. APRIL 2020 Oberkärntner Volltreffer CHRONIK

Singen in der Natur als Lebenselixier

Aufgrund der kritischen Covit19-Zeit gilt es, sich mehr denn je Gedanken über die Stärkung des Immunsystems zu machen. Dabei helfen interessanter Weise in hohem Maße der Wald und das Singen.

Sobald es die Umstände erlauben, leiten Hartmut Sedelmaier und Johanna Kanzian (vorne) wieder das heilsame Singen in Greifenburg. Foto: Katharina Bossinger

Wer einen Waldspaziergang macht, unterstützt das Immunsystem. Wer unter der Dusche singt, ebenfalls. „Musik, also harmonische Klänge, hat auf unser Leben stärkeren Einfluss, als bisher angenommen. Insbesondere Singen hat einen positiven Einfluss auf unser Wohlbefinden und auf unsere Gesundheit", stellt Dr. Johanna Kanzian fest. Laut einer Studie wird durch Singen um fast 80 % mehr Noradrenalin ausgeschüttet. Noradrenalin ist ein Botenstoff, der zu mehr Aktivität und Leistung motiviert.

Auch Beta-Endorphin, das „Glückshormon" wird durch Singen in höherer Dosis freigesetzt.

Gesundheitszentrum Wald

Rein intuitiv fühlt sich ein Aufenthalt im Wald angenehm an. Dr. Kanzian: „Bei einem Waldspaziergang atmen wir Stoffe ein, mit denen Pflanzen untereinander Botschaften austauschen – sogenannte Terpene. Sie stärken unser Immunsystem. In Japan sind Waldbesuche sogar seit Jahren Teil der staatlichen Gesundheitsvorsorge". Der Begriff „Shinrin-yoku" bedeutet übersetzt „Waldbaden" und ist eine japanische Tradition. An japanischen Universitäten existiert sogar ein eigener Forschungszweig für „Waldmedizin".

Waldbaden und Singen

Die Singleiter Johanna Kanzian und Hartmut Sedelmaier haben diese Erkenntnisse verbunden: Sobald es die Lage um das Corona-Virus erlaubt, wird wieder jeden dritten Sonntag im Monat in Greifenburg bzw. am Weißensee „Waldbaden" und „Heilsames Singen" angeboten. „Bis dahin gehen Sie entweder alleine in den Wald, oder mit allen, die mit ihnen unter einem Dach oder in einer Wohnung leben. Oder singen sie in der Wohnung, im Garten oder auf dem Balkon. Es ist gesund und lustig".

feel-wood
Bedanke dich:
Danke dafür, dass ich lebe.
Danke, dass ich lachen kann.
Danke, für diesen neuen Tag,
an dem ich Neues erschaffen kann!
Was wirst du heute für dich tun und erschaffen?
Aufs Leben!